老後資金2000万円の大嘘

Yoichi Takahashi
髙橋洋一

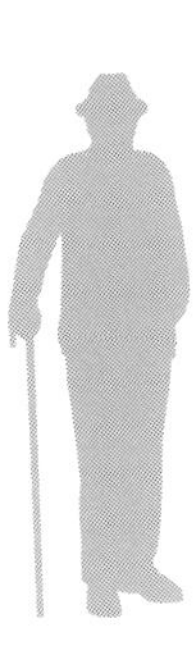

宝島社

老後資金2000万円の大嘘 目次

第1章 年金は絶対に破綻しない！ 年金問題の大嘘

第2章 金融機関に騙されるな！ 老後資金の大嘘

第3章 国債は最強の金融商品である！ 国債にまつわる大嘘

第4章 知らないと大損する！ 住宅問題の大嘘

ウソ マンション価格は上がり続けているため、不動産投資をするといい
真実 現在の不動産価格は異常。低金利のため物件の価値が高いだけで、金利が上がれば一気に価格が下がることも
120

ウソ 老後のためには、老後までにローンを払い終わる持ち家の方がいい
真実 35年間もの長期にわたってリスクを持ち続けるよりも賃貸の方が安全
126

ウソ 住宅ローンは固定金利よりも金利が低い変動金利がお得
真実 現在の住宅ローンの金利は最低水準。今後は上昇することが予想されるため、固定金利の方がローリスク
132

ウソ 金利が上がる場合は、すぐに借り換えをした方がいい
真実 固定の場合、ローン価値は計算できる。手数料を含めて損にならない借り換えが必要
140

第5章 イメージではなく数字で判断せよ！ 日本経済の大嘘

ウソ 新経済理論MMTの考えでは国債はいくら発行しても問題なし
真実 MMTをいう人はインフレ率を無視している。国債を大量に発行すればインフレになる

ウソ 日本の食料自給率は38%。このままでは食糧の安定供給はできなくなる
真実 世界標準の食料自給率は68%。産業としての農業の問題は別にある

ウソ 外国人労働力を入れれば日本の経済は発展する
真実 雇用を生めば、国内の雇用者の賃金が上がり、生産性は高まる

ウソ スウェーデンは税金が高くても還元率が高い。日本はもっと税金の還元率を上げるべき
真実 税金の還元率は平均すると100%。多く払って多く戻るか、少なく払って少なく戻るかの差だけ

第1章

年金は絶対に破綻しない!

年金問題の大嘘

ウソ

このままでは年金制度は将来、必ず破綻する

真実

年金制度は「保険数理」で破綻しないように設計されている

◉年金制度は平均寿命を考慮して計算されている

老後の生活に不安を抱いている人は多くいらっしゃることでしょう。その不安の大きな要因の１つに、年金が破綻するのではないかというものがあります。結論からいえば、年金は破綻しません。

年金をもらえる大前提としては、長生きしないといけません。厚生労働省が発表している２０２１年の平均寿命を見ると、男性81・47歳、女性87・57歳となっていますが、この平均寿命を超えて90歳まで生きる人の割合は、男性27・５％、女性52・０％となっています。長生きする人は、平均的なところで全体の半分しかいないのです。

後述しますが、これは年金を保険として考えるとわかりやすくなります。死亡保険金は亡くなったときに年齢にかかわらず支払われるものですが、このお金はこの死亡保険に加入していて、生きている人が支払った保険料から支払われるわけです。一方、年金は全員で保険料を支払って長生きした場合は得をするわけですが、若いときにはもらえません。

80歳くらいまで男女ともに生きますが、例えば、20歳から60歳まで保険料を払って、繰り上げなら60歳から80歳まで年金をもらえますが、60歳まででで死んでしまうと、まるまる損をしてしまうわけです。年金はこのような単純な原理ですから、そもそも破綻しにくい仕組みになっています。だいたいの働ける年数と平均寿命はわかっているので、平均的に何年支給しなければいけないかは予測できるわけです。

◉年金保険料の引き上げは破綻へのサイン!?

よく年金保険料がまた引き上げられると批判する人がいますが、これは想定外のことが起きて慌てて年金の保険料を引き上げたわけではなく、日本人が長生きするようになったため、その分を上乗せしているだけで、制度上の想定内の対処なのです。

保険には、保険料率や支払保険金額の算定などの数理業務を担当するアクチュアリー（保険数理士）という専門職がありますが、年金もまた保険数理に基づいて制度設計されています。保険と同じ原理でできている以上、平均寿命さえわかれば簡単に計算できます。保険数理の専門家が年金制度を毎年チェックしており、平均寿命などから5年ごとぐらいに微調整を行っています。ですから、年金が破綻する可能性はほぼないといっていいでしょう。

裏を返せば、保険数理で考えると半分ほどの人が早めに亡くなるから年金は成り立っているわけです。ずいぶんひどいことをいうと思われるかもしれませんが、これが事実であり、早く死んだ人の分の保険料を長生きした人に回していることで年金は成立しているのです。これはほかの保険でも同様です。がん保険は、がんにならない人の保険料からがんになった人への保険金を支払っているわけです。

そのため、早めに亡くなる人が減って平均寿命がどんどん延びていった場合は、年金の支給年齢はどんどん引き上げられていくことになります。この平均寿命の今後の推移もある程度予想した上で年金はつくられています。昔の人は、年金を60歳からたくさんもらえてズルいと思うかもしれませんが、その分昔の人は長生きできなかったわけです。年金保険料が徐々に高くなっている、受給する年齢も上がってきている原因は、年金制度に無理が生じているためであり、将来、年金制度は破綻する、と考えてしまう人がいます。しかし、これまで述べてきた通り、年金保険料や受給開始年齢が上がっているのは、平均寿命が延びているからなのです。もし、昔の平均寿命で算出された年金保険料と支給額にしてしまえば、もちろん年金制度は破綻してしまいます。年金制度は保険数理で厳密に計算されているからこそ、破綻しないのです。

ウソ

年金は将来に向けた「貯金」

真実

年金は「貯金」ではなく「保険」

◉健康保険から保険の原理を知ろう

年金が保険であるということをもう少し説明しましょう。日本では、すべての国民が基本的に公的医療保険制度に入っています。いわゆる健康保険です。病院に行って健康保険証を提示しますが、本人負担分以外は健康保険から支払っています。そのため、病院に支払う金額が低額で済んでいます。

健康保険料は、会社員や公務員であれば給与から天引きされているため、支払っている感覚があまりないかもしれませんが、毎月、支払っているのです。健康保険は完全に「掛け捨て」保険です。ケガをしたり病気になったりして、病院に行かなければ支払った健康保険料は、すべて払い損になります。病気やケガを予測することは難しいでしょう。しかし、ある日突然、事故に遭うかもしれませんし、今回のコロナ禍のように新たな感染症が流行するかもしれません。そのような場合にお金がないために治療費が払えず、医療を受けられなければ命に関わります。

健康保険が病気やケガの際に保険金給付を受けられる保障制度に対して、年金は長く生きた人を保障する制度です。健康保険は病気にならなかった人の保険料で、病気になった人に保険金給付する仕組みですが、年金は早く亡くなってまった人の保険料を長生きした人にお金を渡して保障することになります。

◉年金は長生きするリスクに備える保険

基本的に年金は65歳から給付されますが、もしそれまでに亡くなってしまえば1円ももらえずに完全に掛け捨てになります。66歳で亡くなればもらえるのはたったの1年分です。一方、100歳まで生きれば35年間もお金をもらえることになります。

平均寿命は各年齢において死亡数を人口で割った値（死亡率）を用いて算出されるものですが、前述したように年金は早く亡くなる人と長生きする人の割合を考慮して、破綻しないように設計されているわけです。

多くの人が入っている民間の生命保険でも同様です。生命保険は死亡した場合に支払われる保険です。例えば、30歳男性が死亡時に5000万円が支払われる、10年定期・月々5000円の掛け捨て型生命保険に入った場合を考えてみましょう。支払う保険料は最大で5000円×120ヶ月＝60万円です。もし亡くなってしまったら、たった60万円で5000万円が支払われるのです。なぜこれが成り立つのかというと

30代で亡くなる人が極端に少ないからであり、大部分の亡くならない人が支払った保険料が、ごく少数の亡くなった人に支払われるからです。年金も保険もこのように掛け捨てにされるお金と支払われるお金のバランスをとってつくられているのです。

長生きすることは病気やケガと同じようにリスクです。高齢になれば若い頃と同じように働くことはできなくなる可能性が高くなります。長生きすればするほど、いずれは働けなくなります。生活費を稼げなくなったら死ぬしかなくなります。このような事態を避けるのが年金です。保険は支払った保険料に応じて、受けられる保障が変わってきます。保険料が高額ならばより高額の保障になりますし、保険料が低額ならば保障も低額になります。年金も同様です。年金保険料を長く支払った人は多く受け取れますし、支払いが短かい人はもらえる年金も低額になります。

現在の年金制度では10年間支払えば年金を受け取れますが、年金保険料を10年間支払った人と40年間支払った人の給付額が同じでは不公平です。もし老後に備えるのであれば、年金保険料をしっかりと支払うことが最も重要なことになります。年金制度は平均寿命まで生きれば元が取れるように設計されています。年金制度は老後への備えとして、最も優れた保険といえるでしょう。

ウソ

少子高齢化が進むと若者が高齢者の年金を払えなくなる

真実

少子高齢化は想定済み。高齢者を現役世代の何人で支えるかは重要ではなく、所得を増やすことが重要

◉20年後には現役世代3人で2人の高齢者を支えることになる

多くの人が誤解して、年金というのは政府にお金を預けている、つまり老後のお金を積み立てているというイメージを持っていますが、そうではありません。

年金は自分が支払った保険料を積み立てているのではなく、大部分は現役世代が支払った年金保険料が高齢の受給者に支払われていることになります。自分が年金の支給を受ける際には、自分が積み立てた分は受け取る年金の数％しかありません。残りは、今いる若い世代がその時に支払った年金保険料から支払われていることになります。これは年金制度ができた当初から同じです。このような仕組みのため、このまま少子高齢化が進むと２０４０年には、高齢者１人に対して現役世代は１・５人で支えることになります。こうしたことから、このままでは年金制度を維持することは難しいという間違ったロジックがテレビなどで繰り返し流されています。

令和４年（２０２２）版の高齢社会白書を見ると、高齢者１人に対する現役世代の人数は、２０２０年には２・１人、２０３０年には１・９人、２０４０年には１・５人となる。つまり約20年後には、高齢者２人を現役世代３人が支えることになります。

現役世代とは15歳以上、65歳未満の生産年齢の人口ですから、実際にはこれよりも低い数字になるはずです。この数字だけを見ると、相当厳しい状況に思えることでしょう。しかし、政府が高齢社会白書に将来の現役世代と高齢者の比率を把握して発表しているということは、すでにこの数字は年金制度に織り込まれているということです。

◉年金制度を考える場合は人数ではなく金額が重要

もちろん高齢者2人を現役世代3人で支えるというのは楽な数字ではありません。例えば1980年では、高齢者1人に対して現役世代は7・4人でした。これだけを見ると、これからの現役世代はずいぶん負担が大きいように思えます。しかし、年金について正しく判断するためには、人数に所得をかけた金額が重要になってきます。つまり年金財政を考える際には、人数とともに1人あたりどれくらい稼いでいるかが大切になってきます。人口が減少しても、それを上回るだけ所得が伸びれば問題がないということになります。というのも、年金保険料は決まった額ではなく、給与の2割という年金保険料率だからです。給与が2倍になれば、年金保険料も2倍になりま

65歳以上人口を15～64歳人口で支える割合

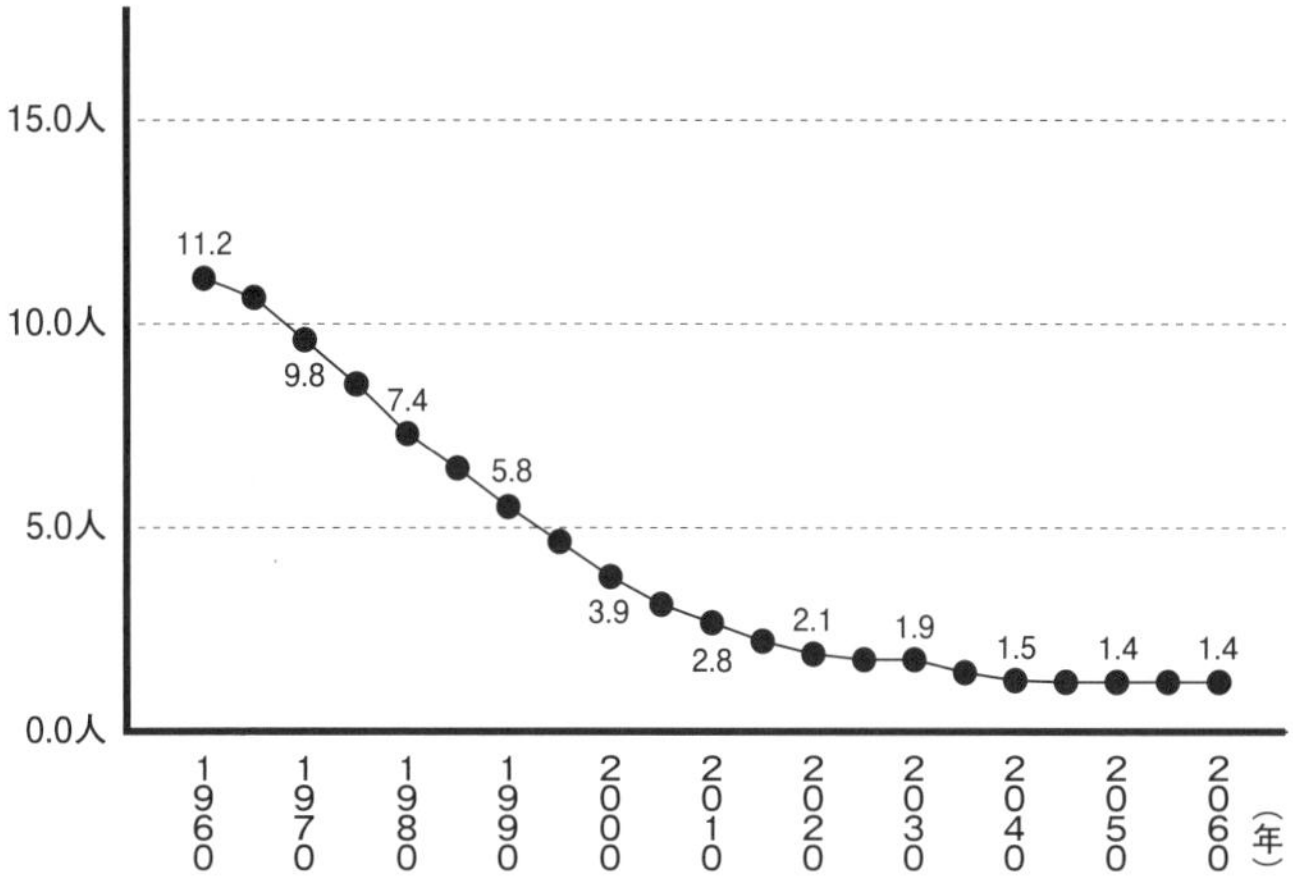

す。経済成長すればするほど年金制度は破綻しづらくなるのです。

子どもの数が少なくなっても、現役世代のほとんどが雇用状態になり、現在よりも給与が良くなればそれほど問題ありません。また、かつては専業主婦が多かったのですが、以前に比べて女性の社会進出も増えて所得も増えてきています。

仮に大規模な戦争や自然災害などによって1年間に現役世代が2割減少するといった極端な状況になれば、年金制度の維持は難しいかもしれませんが、現在の現役世代の減少率は1年でわずか0・5%程度です。この分を経済成長でカバーできれば問題ないわけです。

ウソ

公的年金の保険料の未納者が
増えているから、
払った者がバカをみることになる

真実

実際に滞納しているのは1・6%!
ほとんどの国民は年金保険料を
しっかりと支払っている

◉公的年金の保険料は税金と同じ

年金の未納率がいかにも高いように報道するケースがあり、困ったものです。こうしたことから、まるで年金が任意で入るものと勘違いしたり、年金制度に国民の多くが不信感を抱いて年金保険料を支払っていないかのような印象を生んだりしています。以前、「年金保険料を支払うよりも貯金をした方がいいですか」という質問を受けたのですが、これはこうしたデマによって生まれた誤解でしょう。

そもそも年金保険料は税金と同じで、基本的に20歳以上は支払う義務があり強制徴収の対象になります。ところが社会保険庁の温情で税金のように強制徴収されずに、払わなければ年金がもらえなくなるだけ、という説明をしているため、年金は積み立て金というイメージが出てきたのでしょう。

◉日本における年金の仕組みは最大3階建て

年金制度については、さまざまな本で解説されているのでここでは簡単に紹介します。年金は最大3階建てになります。1階部分は20歳以上のすべての国民が強制的に

年金制度の仕組み

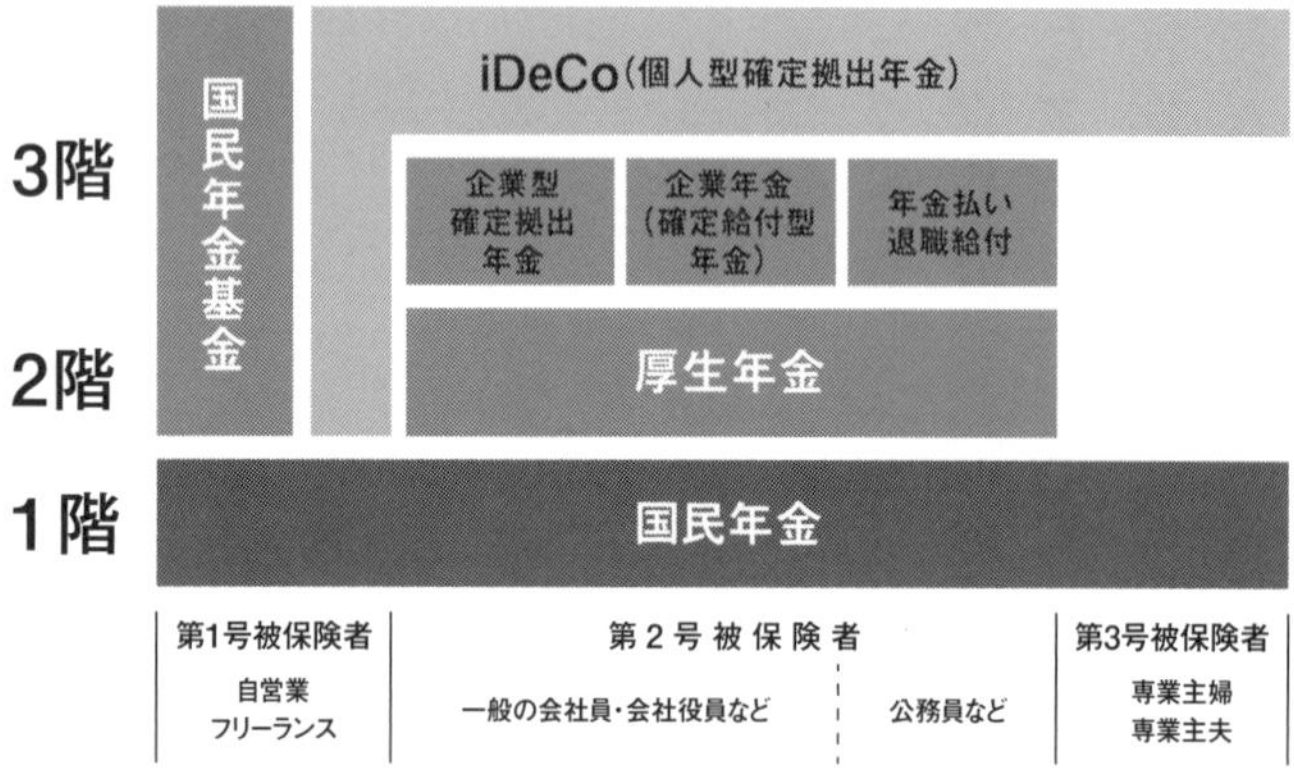

加入する国民年金（老齢基礎年金）、2階部分はいわゆる「サラリーマン」や公務員が強制的に加入する厚生年金です。国民年金と厚生年金は国が管理する公的年金です。これ以外の3階部分として任意で加入する確定拠出年金や企業年金などの私的年金があります。

国民年金の加入者は3種類に分けられます。第1号保険者は20歳以上60歳未満の自営業者・農業者、学生および無職の方とその配偶者で、第2号被保険者・第3号被保険者ではない者です。第2号被保険者は、民間の会社員や公務員などの厚生年金加入者、第3号被保険者は第2号被保険者に扶養されている20歳以上60歳未満の配偶者で年収が一定金額未満の人です。

ざっくりといえば、サラリーマン・公務員が第2号、第2号に扶養されている専業主婦・主夫などが第3号、それ以外が第1号ということになります。

◉保険料の支払いを免除された人まで「未納者」にカウント

では、全国民が払うことになっている国民年金の加入者と未納者の数を見てみましょう。令和3年（2021）度の公的年金加入者の総数は約6725万人、このうち未納者はわずか約106万人で、全体の約1・6％に過ぎません。この未納者というのは、払う義務のある被保険者にもかかわらず24ヶ月間以上、保険料が未納となっている者です。私たちがイメージする、公的年金保険料を払っていない者というのは通常ならばこのような人を指すはずです。

ところが、一部の人やマスコミは、年金保険料の支払いを免除されている第3号被保険者763万人や、第1号被保険者のうち全額免除・猶予者約612万人を加えて、約1481万人を未納者としてカウントします。すると未納者は22％になります。約2割の人が公的年金の保険料を未納しているという印象操作をしているのです。

日本の年金制度では、所得が低いため年金保険料を納めることができない人や働いていない学生などは、申請すれば保険料を免除されます。第3号被保険者も同様です。このような年金保険料を免除された分は、第1号被保険者や第2号被保険者の年金保険料の一部や、国庫から負担金を出すことで賄われています。これは政府が低所得者や専業主婦・主夫は社会全体で支えるべきという認識を持っているからです。

約22%の人が公的年金保険料を払っていないのは事実ですが、そのほとんどは特例として保険料の免除を認められている人たちです。こうした人たちも一緒くたに「未納者」とするのは違和感を覚えます。

払わなくてはいけないのに滞納している未納者は1・6%に過ぎず、保険数理上、大きな影響を与える数字ではありません。それどころか、未納者は2017年には約157万人だったのが2019年には約125万人、2021年には約106万人と右肩下がりに減っているのです。

◉年金をもらうよりも生活保護の方がマシというウソ

年金保険料を払いたくない、という人の中には実際にもらえる年金額よりも生活保護の方が高いことを理由に挙げる人もいます。生活保護の方が額が大きいなら、年金

公的年金加入者数の推移

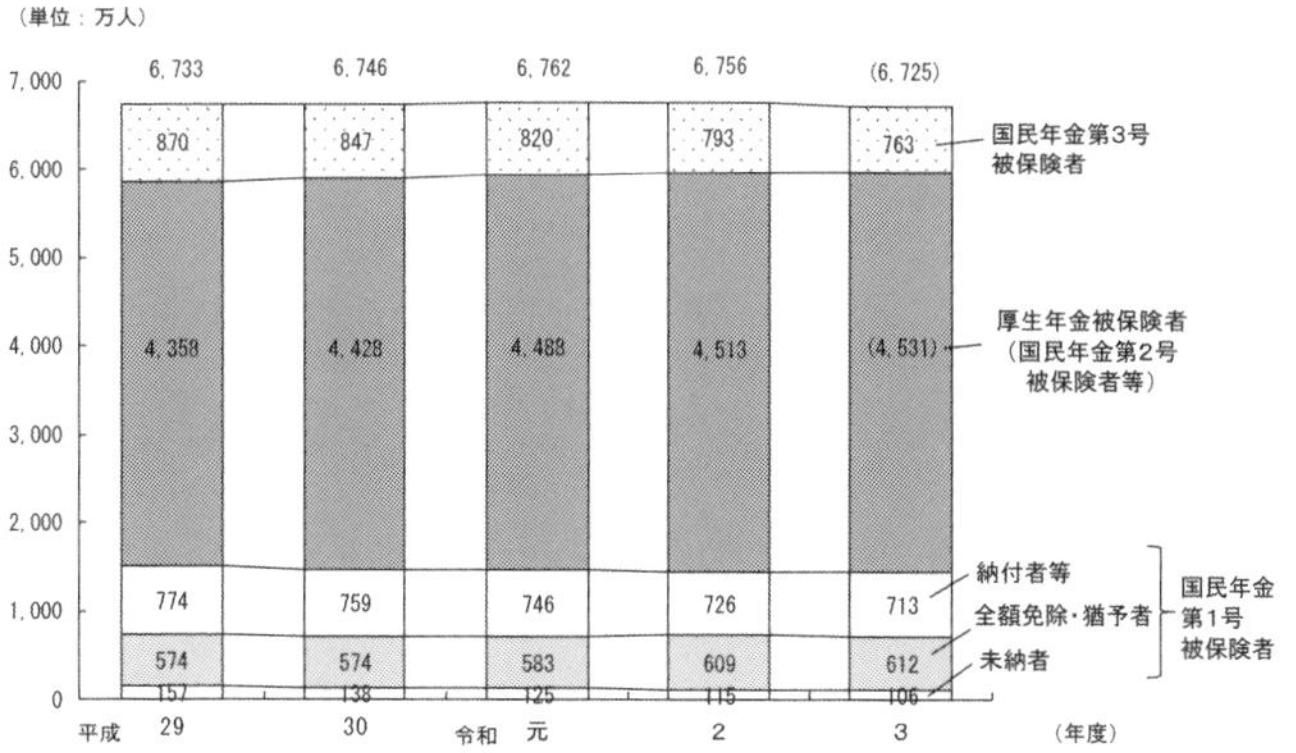

（令和３年度の国民年金の加入・保険料納付状況より）

保険料を払うなんてバカらしいと考えるようです。しかし、生活保護を受けるためには財産を調べられ、もし財産を持っていれば受給できません。つまり貯蓄、持ち家などの財産がない状態で老後を迎えることになります。ほとんど財産がない状態で老後を迎えることはかなりのリスクでしょう。もちろんさまざまな事情で生活保護を受ける状況の人は積極的に受けるべきですが、生活保護を老後の予定に組み込むのはかなり危険です。それよりも公的年金の保険料をしっかりと支払った方が、ずっと安心でしょう。

ウソ

今の若い人は年金保険料を払った分が戻ってこないので損をする

真実

50年間支払った額と20年間で受け取る年金額はほぼ同じ。長生きすれば得をすることができる

◉年金をどれくらいもらえるかは計算できる

将来の年金のために今支払っているお金に「年金保険料」という名称が付いている通り、年金というのは保険です。年金は長生きしなければもらえない保険です。前に述べたように年金は、長生きするリスクに備える保険というい い方もできるでしょう。

年金がどれくらいもらえるか、意外とわかっていない人も多いことでしょう。これも大まかな額はわかります。年金はだいたい20歳くらいから払いはじめることになります。20歳以上の人は、原則として毎月、国民年金保険料を納めることが義務となっています。ただし、一定の所得基準以下の学生の場合、申請すれば在学中の保険料の納付が猶予される「学生納付特例制度」があります。しかし、親が代わりに払っているケースも多いので、20歳から支払うケースで考えてみましょう。

いつまで支払うかというと昔は60歳までだったのですが、今後の平均寿命の予想値などを勘案すると、現在の若年世代はおそらく70歳まで支払うことになります。つまり約50年間の支払い期間です。もし、70歳になる前に死んでしまった場合は、払っただけでおしまいです。もっともそれでは、あまりに気の毒ということで、遺族には遺族年金が支払われることになります。

では実際に計算してみましょう。年金保険料はだいたい給与の2割程度です。これを50年間支払うわけですから、0・2×50＝10となります。つまり、平均年収の約10倍の年金保険料を支払うことになります。90歳まで生きたとすれば、20年間受給するわけですから、10÷20＝0・5となります。つまりだいたい給与の半分の額を20年間もらうことになります。注意しなければいけないのは、自分が定年退職したときの給与ではなく、50年間働いてもらった平均収入の約半分ということです。平均寿命まで生きることができれば、得にも損にもならないというのが年金制度の仕組みです。

もし100歳まで生きた場合は、支払った額の1・5倍分の年金を受け取ることになるのです。つまり、死亡保険が早くに死んでしまうリスクに備えるものなのに対して、年金制度は平均寿命よりも長く生きることに備えるものといってもいいでしょう。

◉国民年金は「元を取れる」お得な制度

20歳以上のすべての国民が加入している国民年金（老齢基礎年金）は、満額支給される場合、月額約6万5000円、年間約78万円です。もらえる金額が少ないと不満を持つ人もいるかもしれませんが、平均寿命から計算するとかなりお得な年金であることがわかります。

国民年金の保険料は、月約１万６６００円です。年間にすると約19万９２００円です。国民年金の保険料は20歳から60歳まで支払い、基本的に65歳からもらえます。40年間、国民年金の保険料を支払った場合、総額は約７９６万８０００円です。この支払った保険料の総額を年間支給額で割れば、約11年ということになります。つまり11年で元を取れることになります。平均寿命で見れば、11年以上は生きられる可能性が高いわけですからかなりお得な年金ということになります。

年金が破綻するケースとして考えられることは、国が破綻してしまえば当然、年金はもらえなくなりますが、第５章で詳しく解説しますが、日本が破綻する可能性は限りなく０％に近い確率です。長生きすれば年金は必ずもらえ、長生きすればするほど得をする制度です。ですから、年金をもらえないと悲観的に考えている人は、自分が早死にすることを想定していることになります。

年金制度は破綻する可能性は限りなく低いわけですから、年金を取り返せるか、取り返せないかは、長生きするかどうかであって、制度の問題ではないのです。

ウソ

年金の受給年齢は遅い方が得

真実

早くもらっても遅くもらっても結局は同じ。長生きすれば、どちらでも得になる

◉早くもらいはじめると減額、遅くもらえば増額

最近では、年金は原則として65歳からもらうことができますが、本人の希望によって、5歳早めて60歳からもらいはじめることも、5歳遅らせて70歳からもらうこともできます。ただし、早めにもらう場合は、本来もらうはずだった額に比べて、1ヶ月早めるごとに0・5％減額されます。

逆に支給開始を遅らせるときには、1ヶ月につき0・7％増額となり、最大で70歳になるまで延ばすことができます。もし70歳から受給することになると、0・7×60ヶ月＝42％もの増額なります。これが死ぬまでずっと42％増額した年金を受け取れることになります。これに対して、60歳から受給すると、0・5％×60ヶ月＝30％減額されます。結構、大きな数字ですよね。

「だったら遅くもらった方がお得ではないか」「早くもらった人は損をしてしまう」と考えてしまうかもしれませんが、そのようなことはありません。これも単純な話で、早めに支給を希望する人は、長くもらうことになるので不公平になってしまいます。60歳から年金をもらいはじめた人と、70歳からもらいはじめた人とでは10年間の差が

あり、もし両者が同じ年齢で亡くなったら、70歳からもらいはじめた人が損をしてしまいます。ですから、全体的に見ると早めでも遅めでもえこひいきがないようにできています。もし長生きできないと思ったら早めにもらえばいいのですが、自分がいつ死ぬかわからないのですから、本人の考え方次第で選べばいいでしょう。

●どちらかだけ得になるような制度ではない

早くもらう場合は、まだ死ぬ確率が低いわけですから、保険数理上、支払額は減額されるわけです。遅らせれば途中で死ぬ人が出てくるわけですから増額されるのです。60歳からもらう人は0・5％減額、70歳からもらう人は0・7％増額と、増減額が同じではないのは、70歳からもらう人の方が、60歳からもらう人よりも元を取る前に死んでしまう可能性が高いからです。

生命保険でも、同じ保障額であっても年齢によって支払う保険料は大きく異なります。5000万円の保障額の10年定期の掛け捨て型生命保険の場合、30歳男性ならば1万円程度であっても、50歳男性ならば5万円以上になったりします。これは30代に比べて50代の方が死亡する確率が高くなるためです。

年金の繰り上げ受給と繰り下げ受給による増減額の割合

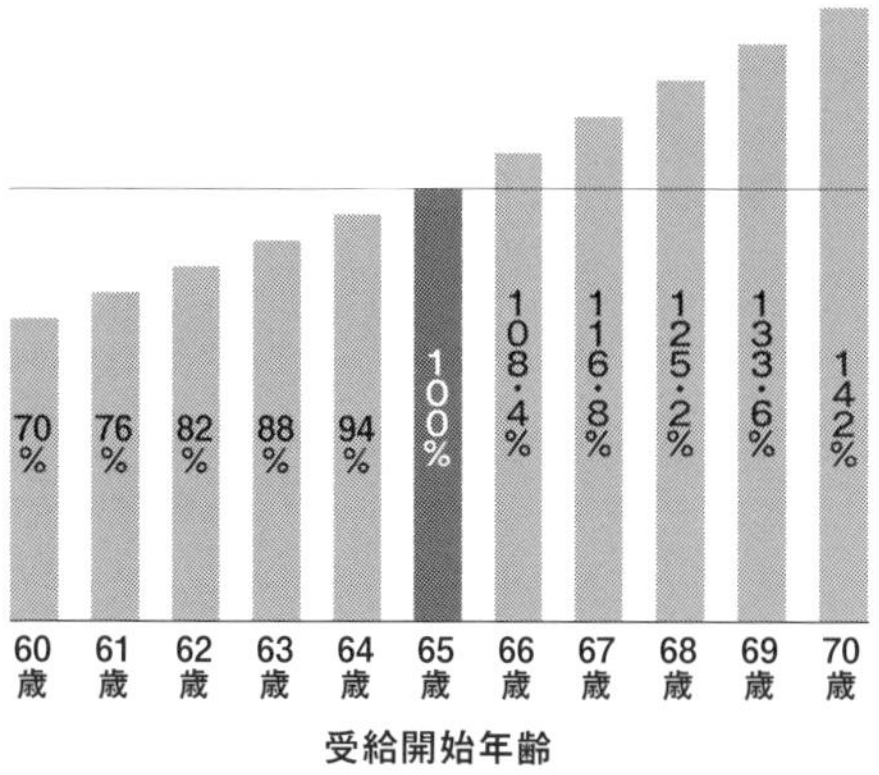

年金を70歳からもらう人の場合、それまでに亡くなる可能性が高くなるので、より支給額が多くなっているわけです。すべて計算に基づいているので、どちらが得か、という話ではないのです。政府としては、早くもらおうが遅くもらおうがどちらでも関係ないようにできているのです。

長生きすれば、つまり平均寿命以上に長生きできるのであれば、どちらをもらおうが得をするようにできています。ですから、もし「年金で絶対得をしたい」と考えるのならば、長生きすることを目指すべきで、どちらを選ぶべきか、ということを考えてもムダなのです。年金は早く死んだ場合は、何の得もないままおしまいになるだけです。

ウソ

公的年金だけでは
老後の暮らしはできない

真実

平均年収が高い人は大丈夫。
国民年金のみの自営業者や
フリーランスは注意が必要

◉年金額は最終月収ではなく、保険料支払期間の平均

年金の支給額は平均年収のだいたい半分というお話をしましたが、定年退職するときの最終月収の半分の額が支払われるわけではありません。一般的な会社員の場合、若い頃の給与は低くなっていますから、20歳から70歳までの50年間の年収の平均の半分が年金の支給額になります。ですから一概にすべての人が公的年金だけで生活できるとは限りません。そのための備えが必要になってきます。

収入格差は年齢を重ねるごとに大きくなっていきます。学生のうちはアルバイト程度でしょうから、収入に差はほとんどありません。就職した際の初任給もそれほど差はないでしょう。ところが社会人になり、30年も経つとその差は大きくなります。大企業の役員になっている人や起業して成功をおさめている人などがいる一方で、高学歴でも会社に馴染めなかったり、ビジネスに失敗したりしてあまり収入が伸びない人もいます。同窓でも、60歳くらいになると大きな差が出るのは、私が思うに運としかいえません。同じ学校を出ているのですから、スタート時点ではそれほど大きな差はなかったはずです。そのため、年金だけでは生活できない人も中にはいるでしょう。

公的年金の保険料は低く抑えられているため、平均年収が低い人はそれほど多くの年金をもらえるわけではありません。そのような人はあらかじめ老後への備えをするようにしましょう。

◉自営業者の夫婦の年金は9万円少ない

特に注意が必要なのは国民年金にしか加入していない自営業者やフリーランスの人です。会社勤めでしたら、国民年金に加えて厚生年金に入っているため、平均年収が高ければある程度のまとまった年金がもらえます。例えば、年収が1200万円を超える高収入を40年間にわたってもらい続けるほどの人ならば、国民年金と厚生年金の最高額を合わせて、月に約37万円が受け取れます。これは極端な例ですが、平均的な夫婦の年金受給額は約22万円となっています。

しかし、国民年金にしか入っていない自営業者やフリーランスの人は、最高でも年77万7800円です。月に換算すると6万5000円ほどで、夫婦でも13万円しかなく、9万円が不足してしまいます。そのため、自営業者やフリーランスの方には厚生年金に代わるものとして、国民年金基金があります。

◉国民年金基金は終身もらえるお得な年金

国民年金基金は国民年金に上乗せして加入するものです。会社勤めの人は厚生年金に加入しますが、自営業者・フリーランスには厚生年金がないため、この国民年金基金があるわけです。国民年金基金の掛け金は、社会保険料控除の対象となるため、所得税や住民税が軽減されます。国民年金基金は、国民年金基金連合会が運営しているため手数料が取られますが、民間の年金保険に比べて格段に安くなっています。民間の保険商品の多くは受給期間が設けられていることが多いですが、国民年金基金は終身年金です。つまり、亡くなるまで年金がもらえます。また年金を受け取るまでに亡くなった場合、残された家族に遺族一時金として支払われるので掛け捨てにならないという点も魅力です。

国民年金基金の最大のメリットは「税制の恩典」がある点です。国民年金基金の掛け金は全額、所得から控除されます。国民年金基金の上限は月額6万8０００円とかなり高く設定されています。年間では81万6０００円になります。

簡単なシミュレーションをしてみましょう。課税所得４００万円、所得税20％、住

国民年金基金とiDeCo（個人型確定拠出年金）の違い

	国民年金基金	iDeCo（個人型確定拠出年金）
掛け金	加入時の年齢やプランによる	月額5000円以上1000円単位
掛け金の上限	月額6万8000円	
年金給付方法	基本終身年金	基本有期年金
年金受取	原則65歳	60〜75歳
開始時期	プランによっては60歳から	加入期間によって異なる
運用指示	必要なし	必要あり

民税10％の人が国民年金基金を利用しなかった場合、所得税は80万円となります。一方、国民年金基金を限度額まで支払うと所得税は、（課税所得400万円－国民年金基金81万6000円）×20％＝63万6800円になります。その差は、16万3200円にもなります。

これは住民税でも同様で、国民年金基金を利用しなかった場合の住民税は40万円ですが、国民年金基金を限度額まで支払うと所得税は、（課税所得400万円－国民年金基金81万6000円）×10％＝31万8400円となります。差は8万1600円です。国民年金基金を限度額まで利用すると、24万4800円も節税になります。年収が高

課税所得400万円の人が国民年金基金に満額加入の場合

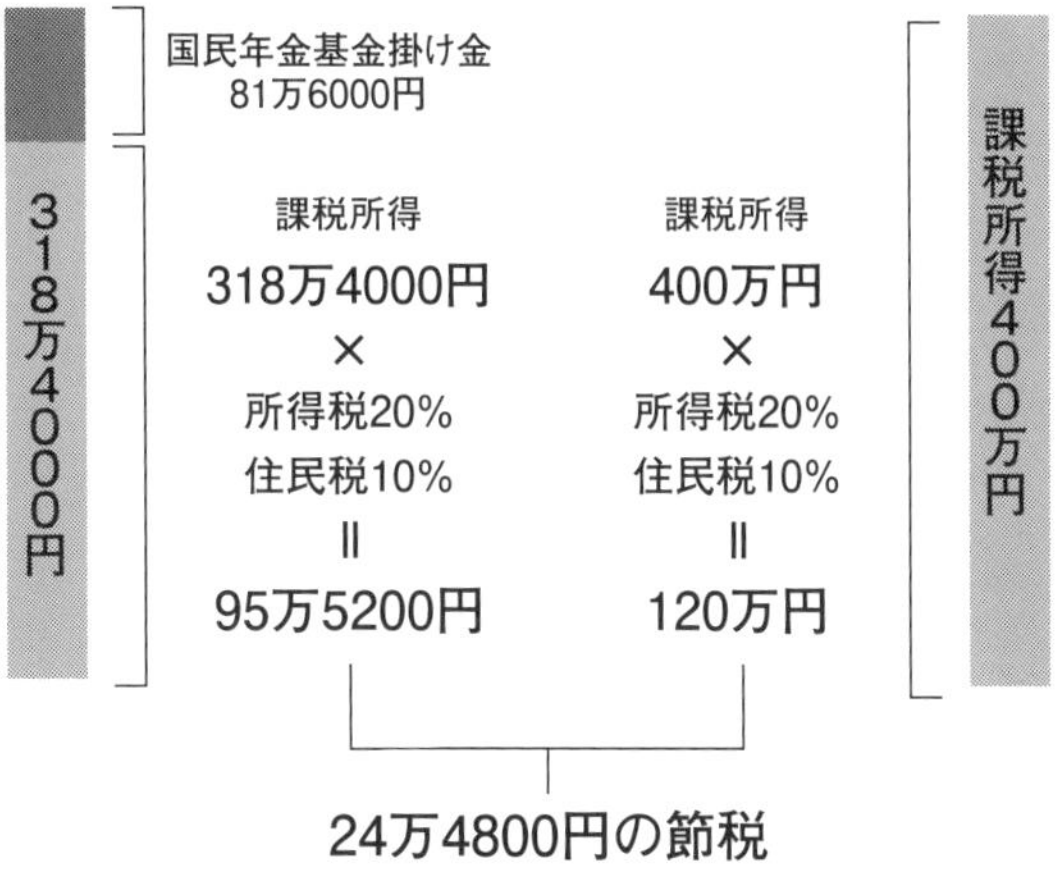

く税率が高い人ならば、さらに多くの節税となります。

節税した分は老後のための貯蓄にまわすこともできますし、将来の年金額に上乗せできることになります。年金だけの生活者ならば、税金は多くかかりません。所得が多い、つまり税率が高い現役時代に、国民年金基金を利用して税制上の恩典を積み上げておくと、老後に年金を受け取るときには税率が低くなるため、かなりお得です。

国民年金基金は途中で解約できないという制約がありますが、支払い額は変更できます。もしある程度の所得があるならば、上限額まで国民年金基金を利用するといいでしょう。

ウソ

フリーランスにとってiDeCoはデメリットしかない

真実

iDeCoは税制の恩典があり、所得が大きい人ほどメリットがある

◉掛け捨ての公的年金と積み立て型の私的年金

これまで説明してきた国民年金や厚生年金は国が運営する公的年金ですが、民間業者が出している私的年金があります。公的年金の場合は基本的に掛け捨ての発想でつくられているため、早くに亡くなってしまうと（遺族年金が少しはありますが）払い損になってしまいます。その分、90歳まで生きても、100歳まで生きても決まった額をもらい続けることになり、長生きすれば支払った保険料よりもかなり多くの年金を受け取ることになります。年金＝保険ということを説明しましたが、公的年金は掛け捨てであるために、保険機能がかなり高くなっているのです。

一方で私的年金の場合は、掛け捨て部分を少なくして、貯蓄性の高い商品として設計されています。そのため、保険の機能は小さく、将来もらえる保障額はあまり大きな額にはなりません。要は支払った額に対して、大きなリターンはないわけです。

公的年金の場合は、インフレにも対応していますが、私的年金は自分が積み立てた保険料を将来受け取る積み立て方式です。この支払った保険料が運用によって増えていかないとインフレになった際に大きく目減りしてしまいます。

◉税制の恩典が大きいiDeCo

では、私的年金はどのようなものを選べばいいのでしょうか。私は2つのポイントで判断しています。1つ目は税制の恩典があるか、2つ目は手数料がどれくらいかかるか、です。前述した国民年金基金をお勧めしたのも、税制の恩典が大きく、手数料が低いからです。ただし、国民年金基金は自営業者やフリーランスの人しか入れません。しかし、会社員や公務員でも入れる、国民年金基金と同様の税制の恩典がある私的年金があります。それがiDeCo（個人型確定拠出年金）です。

ちなみにiDeCoは自営業者やフリーランスの人でも入れますが、上限額は、国民年金基金とiDeCoの合わせた上限額が月6万8000円です。そのため、国民年金基金に上限額まで入っているとiDeCoは利用できません。もしiDeCoの加入者が亡くなってしまった場合は、積み立てられたお金は、遺族が死亡一時金として受け取れるのも国民年金基金と同じです。

iDeCoと国民年金基金の違いを見てみましょう。iDeCoは月額5000円から1000円単位で入ることができ、上限は6万8000円です。国民年金基金は終身年金で、基本的に65歳から受給できます。一方、ｉＤｅＣｏは終身ではなく、受給できる期間が限られています。ｉＤｅＣｏの税制の恩典は国民年金基金と同じですので、課税所得４００万円、所得税20％、住民税10％の人ならば、1年で24万４８００円の節税になります。課税所得が多い人にはメリットが大きいといえます。

ｉＤｅＣｏが国民年金基金と大きく異なるのは、支払った掛け金を自分で運用する制度だということです。金融機関や商品も自分で選んで、運用金額に応じて60歳以降に給付を受け取ることになります。そのため、運用次第では掛け金が目減りしてしまうことになります。また投資信託などの金融商品の場合、通常は運用益に20％が課税されますが、一方、ｉＤｅＣｏは運用益も非課税です。

運用することを面倒くさいと考える人には、定期預金のように元本確保型商品でも運用できます。ｉＤｅＣｏの販売金融機関（運営管理機関）に支払う運営管理手数料は低く、ネット証券会社などの場合は加入時に３０００円弱、毎月２００円弱かかります。元本確保型で運用した場合では、手数料の方が上回ってしまうことになります。しかし、無収入の場合ならば損をしてしまうことになりますが、課税所得がある人は税制の恩典があるため、メリットが上回っているといえるでしょう。

ウソ

最近人気の変額個人年金保険は
老後の資産形成のための優良商品

真実

変額個人年金保険は、
「保険」という皮をかぶった
「投資信託」。
詐欺商法に騙《だま》されてはいけない

◉ほかの保険類とは別に管理されるハイリスク商品

かつては一般の人が銀行を利用するのは、預貯金だけだったのですが、20年くらい前から銀行は系列の証券会社や保険会社の商品を売るようになりました。

銀行員が推奨したのだから、銀行のお墨付きの優良な商品だと思い込んでしまいがちですが、同じグループとはいえ、銀行と証券会社や保険会社は別会社です。勧められるがままに入ったために、大損をしてしまった例がたくさんあります。

特に危険なのが、最近人気になってきている変額個人年金保険です。「貯蓄性があり、老後には保険金が返ってきます。老後のために入りませんか」といわれて契約してしまうケースがあります。その名称から保険だと思うかもしれませんが、実際は投資信託そのものです。変額保険というのは、保険料を保険会社が投資信託などで運用し、実績次第で保険金や解約返戻金《へんれい》が変動する保険商品のことです。つまり、運用次第で得もすれば損もするものであり、中身は投資信託そのもの。変額保険はほかの保険類の資産とは区別して管理される、ハイリスク・ハイリターンの商品です。

ウソ

年金商品はお得。
老後資金のために入っておくべき

真実

年金商品は利回りが良くても、
税制の恩典が小さく、
デメリットが大きすぎる

◉iDeCoにおける手数料の注意点

ｉＤｅＣｏは税制の恩典が大きいと述べましたが、反面、自分で運用を選択するために注意が必要です。ｉＤｅＣｏを利用する場合、まず運営管理機関を選んで申し込み、提示された商品の中から選んで、毎月の掛け金を運用することになります。

運営管理機関に支払う手数料（運営管理手数料）とは別に、支払った掛け金を運用する「商品提供機関」に支払う手数料（信託報酬）が発生します。ハイリスク・ハイリターンのものもあれば、元本割れがない定期預金のような商品もあります。これらの商品の中には、信託報酬を高く設定してあるものもあります。年率０・４％も信託報酬を取られるような投資信託を勧めてくるところは選ばないようにしましょう。税制の恩典があっても、手数料が高ければ元も子もなくなってしまいます。

◉年金商品は税制面でも手数料でもデメリットばかり

「年金が破綻する」という言説がいかにデタラメであるかをこれまで解説してきましたが、このデマの裏には、年金商品を売りつける狙いがあると思っていいでしょう。

よく老後の備えには民間の年金商品の方がいいという人がいますが、これは保険会社の口車に乗せられているだけです。単純に考えてみればわかることですが、民間の保険というのは、掛け金でその保険会社で働いている人の給与まで払っていることになります。保険会社はボランティアで保険事業をしているわけではありませんから、もちろん保険料の中に自分たちの取り分があるわけです。しかし、国民の年金にはそのような部分はありません。国の年金業務を行っている人は国の税金で働いているわけですから、支払った年金商品の保険料から中抜きされません。これだけ考えても、民間の年金商品よりも国の年金の方が良いことがわかるでしょう。

年金商品では、保険料払込期間を終えると支払った保険金に対して、100％を超える年金が支払われるものもあります。銀行に預貯金するのと比べると、高い利回りが魅力的に思えるかもしれません。しかし、これは税制の恩典を考慮せずに見かけ上の利回りだけを見ているに過ぎません。iDeCoでは全額が所得控除され、最大で81万6000円も課税所得から引くことできますが、年金商品の保険料の所得税控除の上限額はたったの4万円です。さらに高額の手数料を取られることになるのです。税制の恩典というのは一番確実な利回りといえるのです。

第2章

金融機関に騙されるな！ 老後資金の大嘘

ウソ

老後資金として年金以外に2000万円の貯金が必要

真実

老後の暮らし方を変えれば、2000万円は必要ない

◉年金だけでは毎月5万5000円が不足

年金以外に2000万円の貯金がなければ、老後に悲惨な生活を送ることになる、というデマが現在も信じられています。特に銀行や証券会社、保険会社などは、商品を売るためにやたらとこの「老後資金2000万円問題」をアピールして不安をあおってきます。

「老後に2000万円の資金が必要」という資料が金融庁のワーキンググループからマスコミに流れたのは2019年のことです。これに対して当時の麻生太郎副総理兼金融担当大臣が報告書の受け取りを拒否したため、さらに大きくクローズアップされました。

想定されたモデルケースは、夫65歳、妻60歳の無職夫婦の収支で、年金による収入が月20万9000円に対して、支出は26万4000円となっています。そのため、毎月5万5000円の赤字となります。そして、夫95歳、妻90歳になる30年間で、5万5000円×360ヶ月＝1980万円が不足になると試算されました。ちなみに20年間で計算すると1320万円が不足となります。

夫65歳以上、妻60歳以上の無職世帯のモデルケース

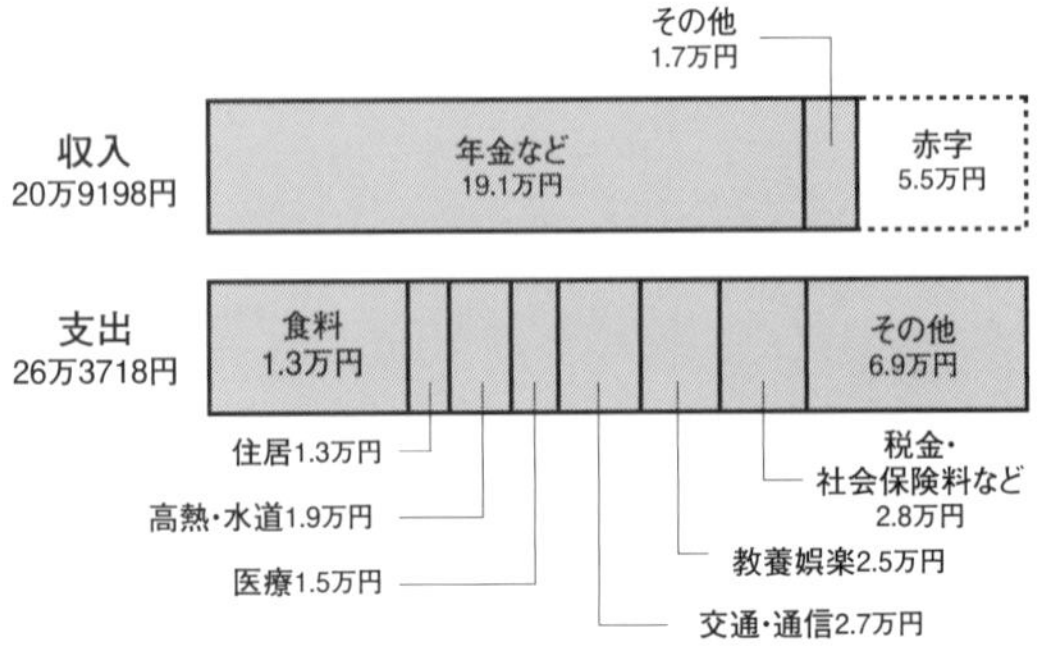

85歳まで生きた場合　赤字5.5万円×240ヶ月＝1320万円
95歳まで生きた場合　赤字5.5万円×360ヶ月＝1980万円

◉老後資金2000万円のウソ

確かにモデルケースでは、約２０００万円が不足していることになります。「２０００万円不足」はフェイクニュースとはいえないまでも、この数字だけを見ると本質を見誤ります。金融庁のワーキンググループの報告書に記されたモデルケースは厚生労働省の資料からの引用ですが、オリジナルは総務省家計調査（２０１７年）です。この総務省の家計調査には、貯蓄型の数字も出ています。

これによると60歳以上の２人以上世帯の平均貯蓄額は、２３６６万円です。これを見る限り、不足分の２０００万円はまかなえていることになります。ただし、貯蓄額はそれま

での人生の積み重ねの結果ですので、格差は大きく分布もばらけてきます。そのため、貯蓄額を低い順から並べた世帯の貯蓄型の中央値は、１５００万円程度です。

現状でも高齢者の貯蓄の取り崩しは行われているわけですが、これが公的年金の不足が原因と見るのか、それとも公的年金以上の暮らしを維持するための結果と見るのかは、人それぞれでしょう。

ところが報告書では、老後資金が「２０００万円不足する」ということだけがクローズアップされ、「やっぱり年金だけでは足りないじゃないか」「年金以外に自助努力するのか」といった批判をマスコミが展開するようになったのです。そして、一般の人にも「年金制度は破綻しているかもしれない」という誤解を生むことになりました。しかし、こうした批判は、高齢者世帯の貯蓄額というファクトを無視しているためです。

では、なぜこのような誘導を金融庁のワーキンググループが行ったのでしょうか。それは、金融庁が金融機関の味方だからです。この「老後資金に２０００万円が必要」というのは金融機関の脅し文句に過ぎません。金融庁が音頭をとって老後資金に２０００万円が必要なため、「貯金しましょう」「保険に入りましょう」「投資しましょう」と勧めてくるわけです。しかし、これほどいかがわしい話はありません。

これまでと同じ生活スタイル、これまで考えられてきた老後のイメージで考えればお金はずっとかかってきます。しかし、発想を変えればお金はそれほどかかりません。

2021年に公開された天海祐希さんが主演した映画『老後の資金がありません』は、冠婚葬祭などの臨時出費が重なり、老後のための貯金がどんどんなくなっていく様子を描いたコメディです。最後のオチはここではいいませんが、最終的に主人公は大胆にライフスタイルを変えることになります。

◉イキイキと働き、得た収入を好きなことに使う

この映画とは異なりますが、私も1つの解決策を持っています。それは働き続けることです。労働運動などをしている人たちは、労働=悪という前提で、老人を働かせるなんて残酷だ、と考えます。そして、歳を取ったら、リタイアしてのんびりと過ごすのがあるべき姿といいます。しかし、果たしてそれは幸せなことでしょうか。

私も65歳以上の高齢者の1人ですが今も元気に働いています。一方で、私の同級生にはリタイアして無職の年金暮らしの人もいます。そんな友人は、「やることがなく

て暇だ」とよくいっています。だから会合なんかがあるとすぐにきます。

リタイアすると基本的に年金しか収入がないわけですから、現役時代に比べて自由に使えるお金は少なくなります。遊ぶにもお金はかかりますから、現役時代のようにはいきません。街頭でデモしている人を見るとおじいさんとおばあさんが多いことに気づくでしょう。まだまだ体は元気だけど、自由に使えるお金はない。そのエネルギーがデモに向かってしまっているのではないでしょうか。デモにはお金がかかりませんから。

しかし、同じエネルギーを使うならば、働いた方がいいでしょう。高齢になっても働いている人はイキイキしていますし、収入も得られます。収入が得られれば、自分の好きなことにお金も使えます。

日本では年金制度がしっかりしているので、定年退職→年金を受給して暮らすというのが、高齢者の「あるべき姿」のようになっていますが、元気な人もいればそうではない人もいます。ある日を境に働かなくなるのではなく、働ける人は働き続ければいいのです。

ウソ

昔の人は60歳で
リタイアしていたので、
65歳になると身体的に働けない

真実

高齢就業者数は
過去最多の900万人超。
健康寿命を考えればまだまだ働ける

◉平均寿命が延びた分、高齢者はまだまだ働ける

２０２１年の高齢就業者数は約９０９万人に達しました。この就業数は18年間連続で増加しています。高齢者（65歳以上）の数は約３６００万人ですから、だいたい４人に１人が働いている計算になります。この割合は今後上がり続けるでしょう。

昔は、60歳というと還暦を迎え、年金の受給を受けてリタイアする、老後生活を送るという考えでしたが、これは平均寿命が今よりもずっと短かったからです。例えば、１９８０年の平均寿命は、男性73・35歳、女性が78・76歳です、現在の平均寿命と比べると男性で約８歳、女性で約９歳短い。令和元年（２０１９）の健康寿命（日常生活に制限のない期間）が男性72・68歳、女性75・38歳ですから、現在では健康な年齢で40年前は亡くなっていたわけです。ざっくりといえば、40年前と比べて、現代の人は10年間長く働けることになります。

昔の65歳というとヨボヨボのイメージでしたけれど、現在の65歳というと、まだまだ元気な人がたくさんいます。働ける体なのですから働く人が増えることは当たり前の話です。高齢就業者数が増加していることをネガティブなニュアンスで報道される

平均寿命と健康寿命の推移

	男性		女性	
	平均寿命	健康寿命	平均寿命	健康寿命
2001年	78.07	69.4	84.93	72.65
2004年	78.64	69.47	85.59	72.69
2007年	79.19	70.33	85.99	73.36
2010年	79.55	70.42	86.3	73.62
2013年	80.21	71.19	86.61	74.21
2016年	80.98	72.14	87.14	74.79
2019年	81.41	72.68	87.45	75.38

（歳）

ことがありますが、何も悪いことではないですよね。かくいう私もこの高齢就業者数の1人にカウントされているわけですが、働ける人は働くのが一番です。そして働けない場合は年金をもらえばいい。

◉リタイアする時期は自分で決めよう

欧米などでは早期リタイアする人もいますが、そのような人と比較して「日本人は一生働かせられ続けている」と悲観的に思う人もいます。もちろん若いうちにがっつり稼いで、早期リタイアするのも選択肢の1つです。しかし、そのような人はそれほど多くはいないでしょう。また早期リタイアする人は人生のビジョンをある程度持ってきた人です。60歳あるいは65歳という定年で退職して、なんとなくリタイアするのとでは意味合いが違います。

ちなみにアメリカでは雇用や労働条件に関して、年齢を理由に差別することを禁止しています。つまり、例えば、日本のように「60歳になったら退職するという契約」＝定年制は禁止されているのです（警察官や消防士など一部には定年制があります）。そのため、アメリでは従業員1人1人が個人の意思でリタイアの年齢を決定しています。このほか、イギリスやカナダなども定年制は禁止されています。

日本のサラリーマンの場合はたいがい定年退職の年齢は決まっていますが、退職後も別の仕事を続ければいいのです。日本では定年退職＝リタイアとなっていますが、自分のリタイアの年齢は自分で決めると考えると、老後のイメージはだいぶ変わってきます。

まだ働けるならば働けばいいですし、経済的にも良いことです。そして、体が悪くなると自然に働けなくなり、そして死にます。こうした「ピンピンコロリ」が一番いいのではないかと思います。

ウソ

もらえる年金の額が
少ないから働きたいが、
65歳以上は雇ってもらえない

真実

仕事＝会社勤めという
意識は捨てよう。
再就職ではなく
「自営業」をすればいい

◉毎日が日曜日だと暇を持て余す結果に

「定年退職後も働くといっても、高齢になると雇ってくれる会社がない」という人がいます。確かに、定年退職以前の給与待遇や仕事を望むことは難しいかもしれません。総務省の労働力調査によると、２０２０年の日本の正社員の割合は、男性78・7％、女性46・4％となっており、日本ではまだまだ「サラリーマン」が多いことがわかります。そのため、定年退職後にも「サラリーマン」として再就職を考えてしまいがちですが、自営業者だったらいくらでも仕事はできるでしょう。

私も自営業者の１人です。私は年金をもらっていますが税金で全部持っていかれてしまいます。それでも全然構いません。高齢就業者数が増加すると、「老人が働く社会は良くない」「歳をとっても働かせるなんてひどい」といった批判をする人がいます。しかし、平均寿命が延びていて、「人生１００年時代」といわれるような中、65歳でリタイアして何をするのでしょう。

特に「サラリーマン」だった人は、毎日決まった時間に起きて、決まった時間に仕事をはじめて、決まった時間に終えるというルーティーンを繰り返してきたわけです。

コロナ禍でリモートワークが増えてだいぶ変わってきましたが、基本的にはある程度、決まった時間に働くというルーティーンは変わりません。それがある日、突然働かなくなって、毎日が日曜日になる生活を想像してみてください。何かやることがない人は暇で暇でしょうがなくなる苦痛の日々を過ごすよりも、働いた方がずっと楽です。

◉現役時代に自営できる仕事を見つけよう

定年退職後に「さあ今日から自営をはじめよう」と思ってもなかなか難しいでしょう。そのため、会社勤めの人は、定年退職を迎える前に自分が「サラリーマン」以外でどのような自営ができるかを考えておき、副業をはじめておくことをお勧めします。

副業を持つということは、老後のためにも、今後住宅ローンの金利が上がった場合に備える意味でも、必要です。副業を選ぶ際には、景気変動型の副業を持っている方がいいでしょう。サラリーマンならば、仕事の出来不出来にかかわらず、毎月給与が支払われます。しかし、副業でお金を稼ごうと思うと、マーケットのシビアな目にさらされるわけですから意外と儲かるのは難しいことがわかるでしょう。例えば、YouTubeは誰でもすぐにはじめられますが、ほかの人にはない芸や優れたコンテンツづくりが必要になってきます。ですから副業は、会社の仕事のようにはなかなかうまくいかない方が多いと思います。

合う副業は、その人の能力や好みがありますから一概にはいえません。いろいろトライ・アンド・エラーを繰り返して、自分に合った副業を探すのがいいでしょう。お勧めの副業はありませんか、と聞かれることもありますが、このような質問をすること自体、間違っています。自分のバリュー、自分の特性は自分が一番わかっているはずですから、果敢に挑戦して、自分に合った副業を探してみてください。この副業を続けているうちに、副業から本業にできる、というものが出てくるはずです。

60歳でリタイア、65歳でリタイアすると考えると、さまざまな老後問題が出てきますが、70歳でリタイア、75歳でリタイアと考えれば、老後問題のほとんどは解消されます。ですから、60歳や65歳になったら働かないもの、リタイアするものという人生観を変えて、会社を定年退職した後は自営をすればいいのです。何も若い頃みたいにガツガツ働く必要はありません。長年かけて行ってきた副業を、今度は本業として自分の体調に合わせてやっていけばいいのです。

ウソ

資産形成のために
貯蓄型保険に入るべき

真実

貯蓄型保険は手数料が
ものすごく高い投資信託と同じ。
金融商品として
最も選んではいけない

◉支払った額以上のお金がもらえるからお得!?

老後の資産形成として何をすればいいのか、悩んでいる人も多いことでしょう。資産形成には主に3つの選択肢があります。1つ目が銀行に預貯金する、2つ目が株式投資や投資信託をする、3つ目が実物の資産を持つ、です。

このような話をするときに保険という選択肢を出す人がいます。老後に備えて、お金が返ってくる貯蓄型保険です。しかし、これは最も選んではいけない商品です。

第1章で貯蓄型の年金保険について解説しましたが、貯蓄型保険は月々に保険料を支払うことで、支払った額の100％以上の解約返戻金を受け取れる、というものです。例えば、30年間保険料を支払うと支払った保険料の総額の105％が受け取れる、といったものです。

◉貯蓄型保険の中身は手数料の高い投資信託

貯蓄型保険の保障額はそれほど高くはないですが、満期になったらお金が返ってくるので、確かに貯蓄としての役割もあります。「貯蓄」＋「保険」でいかにも堅実な資産形成の手段に思えるかもしれませんが、その中身はまったく異なります。

貯蓄型保険は、「掛け捨て型保険」と「投資信託」の2つを組み合わせてつくられています。投資信託とは、金融商品の1種です。株式投資では、自分で株式を買ってその値が上がって売却すれば利益になり、その反対なら損失になります。投資信託は、このように自分で運用するのではなく、自分の投資金を証券会社などの資金を運用しているプロの投資家に運用を任せるようにつくられた商品です。運用を任せるわけですから手数料が発生します。通常の投資信託の手数料はだいたい2～3％です。ところが、貯蓄型保険、つまり「掛け捨て型保険」と「投資信託」を組み合わせた商品の場合、手数料は高く設定されており、中には10％近いものもあります。貯蓄型保険を金融商品として見た場合、ものすごく高額な手数料の投資信託と同じです。

◉利回りだけでなく手数料を知ることが大切

なぜ貯蓄型保険の手数料が高いのかは、「掛け捨て型保険」の手数料が高いためです。実は貯蓄型保険の手数料が開示されたのは最近のことです。貯蓄型保険は主に銀行窓口で販売され、保険会社が銀行に手数料を支払っています。そのため、手数料を知られたくない全国地方銀行協会が開示に反対していました。ところが、いまだに掛け捨て型保険の手数料は開示されていません。これは手数料が高すぎるために開示できないようです。ざっくりというと、民間の保険金は払った額の半分近くが保険会社の人たちの給与として消えています。契約者には、ほとんど返ってこないのです。保険会社は大きな会社が多いですよね。これは保険という商品が儲かるからです。ではどこで儲けているのかといえば、当然、集めた保険料から保険会社が取り分をもらっているからという話です。

今後、さまざまな金融商品の手数料が開示されていくことでしょう。その際に利回りだけでなく手数料にも注目してください。例えば、手数料が3％の金融商品ならば、利回りが3％以上なければメリットがありません。証券会社や保険会社の手数料稼ぎのための商品はたくさんあります。また優待価格で旅行や宿泊、買い物をできたり、残高が一定以上ならば口座管理手数料を無料にしたり、といった特典をつけて、商品を売りつけてくる場合もあります。しかし、資産形成を考えるならば、利回りや特典などの見かけ上のメリットばかりに目を奪われずに、まず手数料に敏感になることが大切です。

ウソ

病気や死亡リスクに備えるために
保険に入りたいが、
掛け捨て型保険はもったいない

真実

保障を得ることが目的ならば、
掛け捨て型保険を選ぶことは合理的

◉保険に入るならば、保障を限定した掛け捨て型

私自身は保険に入っていませんが、もし保険に入るならば保障を限定したものを選ぶといいでしょう。医療保険などでは、保障を限定した掛け捨て型が一番まともです。

つまり、保障を得たいと考えるならば、「掛け捨て型保険」と「投資信託」のうち「投資信託」の部分がない、掛け捨て型の保険に入ってください。掛け捨て型の保険は高い手数料を取られますが、保障を得ることが目的の保険ですから、掛け捨てで得たい保障のものに入るのが合理的ということになります。

もし、資産形成のみが目的ならば、民間の保険に入って高い手数料が含まれる保険料を払うぐらいだったらその保険料分を積み立てた方がいいでしょう。そうすれば、そのお金は丸々自分のものになります。今は銀行に預けても利息がほとんどつかないですが、保険会社に保険料を払って半分消えていくならば、ずっと有利なのです。

中には、自分では貯金することが難しくて、毎月保険料を口座から引かれないと無理ですという人もいますが、銀行では毎月口座から決まった額を定期預金などに預け入れる自動積み立てもできますから簡単です。

ウソ

**NISAは税金がかからない
「おいしい制度」だから
絶対にやるべき**

真実

**株式投資をやると決めている
人ならば、入り口としては良い。
ただし、非課税枠は少額のため
老後に大きく影響しない**

◉証券会社がやたら勧めるＮＩＳＡとは？

最近では、ＮＩＳＡ（少額投資非課税制度）が流行しており、テレビや本などでも勧められています。ＮＩＳＡとは、「Nippon Individual Savings Account」の略で、世界的にも多い制度です。これは個人が株式投資をするときに非課税枠が多くなる、という制度です。もし、株式投資を絶対やりたいと考えている人ならば、まずこのＮＩＳＡの非課税枠を使ってはじめるのが合理的です。

ただし、ＮＩＳＡの非課税枠は年間たったの１２０万円です。今後、この非課税枠は広げられるかもしれませんが、老後資金を考えた場合、たかが知れた額になります。本格的に株式投資をしている人から見れば、１２０万円というのはわずかな額です。例えば、１００万円投資して、１１０万円になったとします。非課税になるのはたったの10万円です。少額のため、非課税のメリットはほとんどありませんが、ないよりはマシですので、株式投資をしてみたい人にはいいのではないでしょうか。

通常、株式や投資信託といった金融商品に投資をして、これらを売却して得た利益や配当には約20％の税金がかかります。これに対して、ＮＩＳＡは、毎年一定金額の

NISAと通常の投資との比較

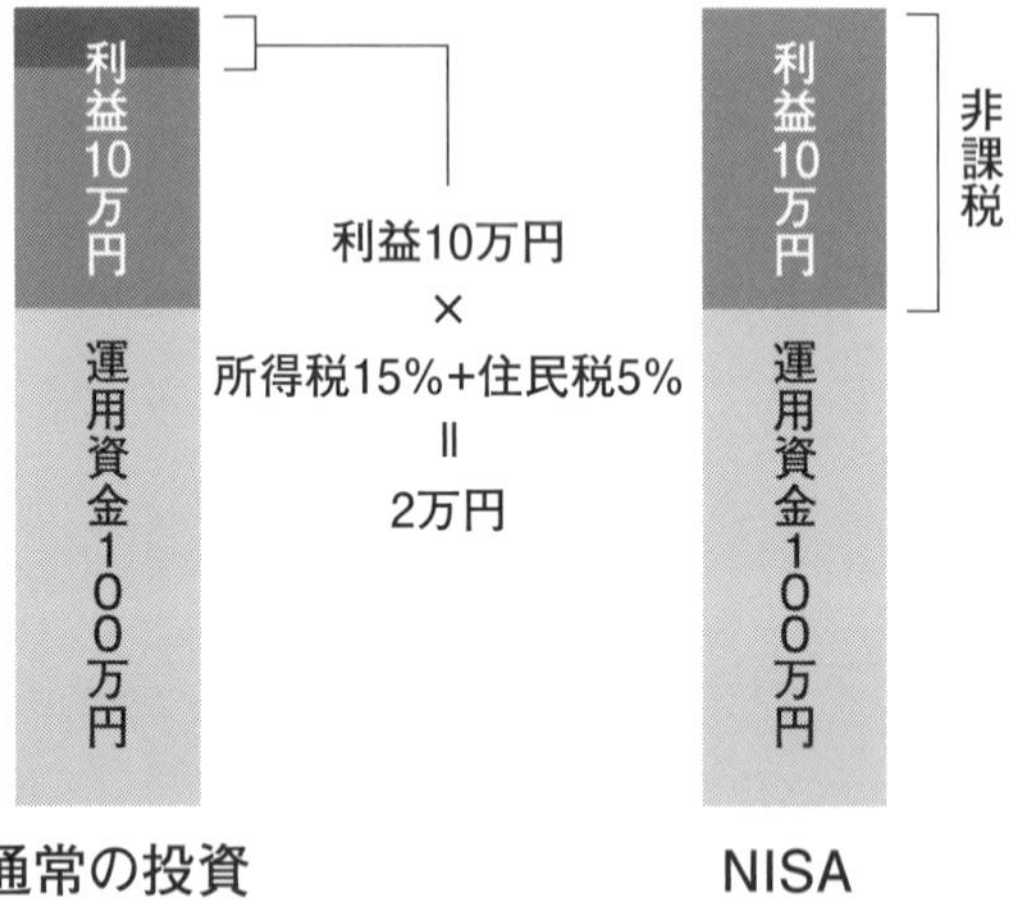

範囲内で購入した金融商品から得られる利益に、税金がかからなくなる制度です。

◉非課税枠はあっても少額

ＮＩＳＡには主に2種類あります。一般ＮＩＳＡは、株式・投資信託等を年間１２０万円まで購入でき、最大5年間非課税。つみたてＮＩＳＡは、一定の投資信託を年間40万円まで購入でき、最大20年間非課税です。

いずれも少額ですから、株式投資を「食わず嫌い」している人にとっての入り口としていいかもしれません。もしお金に余裕があるならば株式投資してもいいですが、会社や事業の実態というのはわかりにくいものです。そのため、例えば自分の仕事に関係する業界に対して株式投資をしてもいいと思います。

株式投資をしっかり行うためには、関連する数学の知識を持たないといけません。ようやく中学校でも金融の授業がはじまりますが、今まさに株式投資をしようとしている人で、数学の知識がない場合は失敗する可能性が高いでしょう。

例えば、金利が５%だったら、将来収益÷０・０５が株価になります。ですから金利が低くなると分母が小さくなるから株価は上がります。コロナ禍の前に日経平均株価は、約30年ぶりに３万円を超え、現在も２万円台後半で推移しています。

この株価の上昇を金利が低いため、とケチをつける人がいますが、金利はずっと低いままでした。ですから、株価の上昇は金利が低いためではなく、将来収益が上がるだろうという予想があったからです。そのため将来収益の予測ができるかが鍵になってきます。

株式投資というのは、数学と半年先や1年先ぐらいの社会を予測して行うものであり、かなり頭を使います。ですから、本格的に勉強をして自己責任で行ってください。

ウソ

ＦＸは資産運用の１つの手段として考えるべき

真実

為替相場を短期的に読むことはほとんど不可能。ＦＸはギャンブルと同じで素人が手を出すとハイリスク・ノーリターン

◉誰でもわかる為替レートの単純な仕組み

為替相場と株式は、なんとなく同じようなものだと思っている人もいるかもしれませんが、為替というのは2国間の通貨の交換比率が定義です。例えば、1ドルが120円だったら、1ドルと120円が交換できるという意味です。2つの通貨の交換比率ですから、どのくらいに落ち着きそうかというのは実はある程度わかります。

円とドルで考えてみましょう。円の総額とドルの総額がわかれば、この2つを割り算すればだいたいそこに落ち着くだろうということです。ただ、一般の人は円の総額とドルの総額なんかあまり考えていないと思います。

これらの通貨の総額は今の統計でわかります。少し前の数字ですが、円の総額というのはだいたい500兆円くらい。ドルの総額はだいたい4兆ドルくらいです。すると500兆円÷4兆ドルで、1ドル＝125円くらいになります。このざっくりとした為替レートに対して、少し先の将来の予想を加えれば、為替相場が見えてくるわけです。

アメリカが金融緩和をするとドルの総額が増えることになります。要するに金融政策というのは、お金の量を減らしたり増やしたりすることです。モノに対してお金の量を増やしているわけです。日本の円の総量も同様に金融政策で増やしたり減らしたりしています。こうした2国間の通貨の総量によって為替レートは変化します。

2022年には円安が進んで1ドル＝130円台になりましたが、これはアメリカが金融引き締めを行い、日本では金融緩和したままだったため円安ドル高になりました。円の方がドルに比べて、前よりも相対的に多くなるわけですから、価値が下がる。つまり円安になるのです。為替はこのくらい簡単な仕組みなのです。ところが、報道番組や新聞などでは、この簡単な話を難しく解説しているため、為替は難しいと勘違いする人が多いのです。

◉3ヶ月以内の短期での為替レートの予測は不可能

日本が金融政策をアメリカに合わせていくと、為替レートはあまり動かなくなります。いろいろな国でインフレ目標は似ているので、為替は国際的には動かない方がいい。インフレ目標とは、金融政策を数値化しているものです。このインフレ目標が似ていれば、金融政策も同じようになりますから為替はあまり動かなくなります。

極端な円高や今回の円安などは、アメリカの金融政策に日本の金融政策が合わせていないから起きるのです。もちろん為替レートにはほかの要因も加わりますが、私はこの単純な考え方で過去40年間の為替レート予想の7割以上は当たっています。もちろん1年や2年くらいはずれることはありますが、長いスパンで見れば高確率で当たります。だったら、為替で儲けることができるのではないかと思われるかもしれませんが、この考え方の難点は、明日の為替レートや3ヶ月後の為替レートはわからないということです。ただし、3年くらい先だったらだいたい予想できます。これはインフレ目標があるためで、この目標を守っている限り、通貨の総量はわかるので、だいたいの為替レートが予想できるのです。

一方、ＦＸのような短期の取引では予測は絶対にできません。そのような短期取引を予測可能という人は単なる嘘つきです。ほとんどサイコロの目の予測と変わりませんので、安易な話を信じると痛い目に遭うことになります。これまで説明してきた為替レートの仕組みは、国際金融と為替の投資家では常識の話です。

株式にしても為替にしても、仕組み自体は簡単なものですが、短期的に予測することは難しい。ですから、安易に手を出すのはやめておいた方がいいと思います。

ウソ

超低金利の時代には
銀行に預けてもムダ。
貯蓄よりも投資をした方がいい

真実

貯蓄と投資は同じ意味。
リスクを無視して投資をしても
うまくいかない

◉「貯蓄から投資へ」というスローガンのデタラメ

貯蓄型保険を除いた場合、手数料の観点から選ぶとすれば、銀行への預貯金、株式投資、実物資産ということになります。これらの3つのどれを選ぶかは、それぞれの人の好みの問題だと思います。

株式を買っても、実際にその企業の経営に加わるわけではないですから、その企業の実態はわかりません。このような投資を私は間接的な投資と呼んでいます。このような間接的な投資には手を出さないようにしています。そのため、よくわかっている実物のもの、例えば、実物の不動産とか自分の行っている事業に投資しています。

老後の資産形成の話となると、政府が推奨する「貯蓄から投資へ」というスローガンをイメージする人も多いかもしれません。貯蓄というと一般的には、金融機関への普通預金を指します。投資というのは一般的には株式投資のことです。しかし、その原理を見てみると実は両者は同じものです。

預貯金も株式投資も、お金を出すことには変わりはありません。私たちが預貯金したお金は金融機関によって投資に回されます。例えば、銀行がほかの銀行に預貯金しても意味がないわけですから、貸付金に回したり、株式を買ったりすることになります。預貯金であっても株式投資であっても、間接的か直接的かの違いであって、どちらもしていることは同じなのです。

経済学でいう貯蓄とは、所得から消費を引いたものが貯蓄です。ほとんどの人はそのお金を銀行などに預けています。しかし、先ほど述べた通り、預貯金でも株式でも最終的には企業にお金が行くわけですから、貯蓄は投資と同じなのです。銀行を経由して企業にお金が流れる預貯金と、銀行を経由しないで証券会社を経由する投資という2つのルートの違いがあるだけなのです。

「貯蓄から投資へ」というのは、預貯金をしないで株式投資をしなさいという意味で使われますが、実はどちらも同じことなので、文章として意味をなさないスローガンです。

●スローガンに踊らされずに資産運用を考えよう

岸田政権では、「資産所得倍増計画」というスローガンも出しています。これは1960年代に池田政権が行った国民所得倍増計画と同じものと勘違いしている人もいますが、この2つは別のものです。資産所得というのは、金利や株式の配当など金融商品から得られた所得のことです。「資産所得倍増計画」と聞くと、なんとなく自分の財産を2倍にしてくれる政策に思うかもしれませんが、実際は所得の中の一部を2倍にすることを目指しましょう、といっているに過ぎません。

こういった経済政策自体をつくっている官僚は、現役時代に株式投資をやらないのが暗黙のルールになっています。インサイダー取引になる恐れがあるからです。株式投資の経験がない官僚が、実は証券会社経由の投資を勧めているのが実態なのです。私たちは経済学でいう貯蓄（所得－消費）をどこに投資するのかを考えるべきで、銀行は投資先の選択肢の1つなのです。このスローガンに踊らされて、預貯金ではなく、株式投資をしないと損をする、と安易に考えずにどこに投資すべきか考えるべきでしょう。老後資産の形成のために金融機関や保険業者などがお勧めの商品をセールスしてきますが、お勧めの話があったらまず気をつけた方がいいでしょう。

少し前に話題になった仮想通貨もありますが、手数料をたくさん取られて業者を儲けさせるだけです。ＦＸも同様です。多くの人が、働いているだけでは手に入らない大きなお金を得ることができるチャンスがあると思われるかもしれませんが、10倍や

20倍になって儲かることもあれば、10分の1、20分の1になるリスクもあるわけです。さらに、その取引ごとに多くの手数料が取られていくわけですから、これほど愚かなことはないでしょう。

◉老後資産のためには国債がお勧め

これまで、さまざまな資金の運用方法のデメリットを紹介してきました。銀行に預貯金することも投資の1種であることも説明しましたが、とはいえ、あまりの低金利に預けるのがバカらしく思えるかもしれません。

では何がいいかといえば、私は国債をお勧めします。国債は手数料がなく、一番いい金融商品です。ただし、国債はいい投資商品のため金融機関が売りたがりません。国債は毎月、売り出し日が発表されており、インターネットバンキングで買えます。ところが、国債専用の口座をつくらなくてはいけなかったり、金融機関のホームページのわかりづらいところにあったりします。この国債について、次の章で詳しく解説します。

第3章

国債にまつわる大嘘

国債は最強の金融商品である！

ウソ

国債の利回りは低いため
投資に向かない

真実

国債はインフレによる
資産の目減りに対応して、
手数料もかからない優良投資商品

◉私的年金ではインフレヘッジできない

これまでさまざまな金融商品や保険商品のデメリットを指摘しました。そのような中で、私的年金であれば税制の恩典があるｉＤｅＣｏや、自営業者やフリーランスの人であれば国民年金基金をお勧めしてきました。ところが、この２つには欠点があります。それはこれらが積み立て方式のためにインフレに対応していないという点です。

インフレ、つまりモノの値段が上がり、お金（円）の価値が相対的に減少した場合、老後に定額のお金をもらっても生活は苦しくなってしまいます。公的年金はインフレに対応していますが、私的年金ではインフレに対応していません。そのためｉＤｅＣｏに入る場合も、インフレ率に対応した運用をしないと受け取るときに目減りしてしまいます。また国民年金基金は決まった額が老後に支払われるために、インフレになれば確実に目減りすることになります（それでも税制の恩典のメリットの方が大きいですが）。そのため、インフレヘッジが必要です。「ヘッジ」は「避ける」という意味です。つまり、インフレになった場合に資産が目減りするリスクを避けることです。

では、インフレヘッジにはどのような商品がいいのでしょうか。

◉国債はあらゆる金融商品の基本

そこでお勧めなのが国債です。国債は金融商品の「プレーンバニラ」と呼ばれます。つまり、アイスクリームにおける基本の味であるバニラのように、基本的な金融商品ということになります。このプレーンバニラ（国債）にさまざまなフレーバー（追加要素）を加えることで、株式や社債といった金融商品になります。

プレーンバニラに足されるフレーバーの代表が金利です。金利は発行体のリスクへの対価です。リスクが高ければ金利が高くなりますし、リスクが低ければ金利も低くなります。国債を発行するのは日本政府であり、安心・安全な債券です。国債の金利がほかの金融商品よりも低いのは、信用度が高いためです。国債と比べて、会社の債券の場合は、倒産するなどのリスクがあり、国よりも信頼度が低くなります。そのため国債よりも金利が高くなります。

国債にはいくつかの種類があります。半年ごとに利子が支払われる国債には、半年に1回決まった額の利子が支払われる固定利付国債と、半年に1回支払われる利子が変動する変動利付国債があります。個人向けには、3年固定型個人向け国債と5年固定型個人向け国債、10年変動型個人向け国債があります。

国債は金利が低いために魅力を少なく感じるかもしれませんが、実はとても優良な商品です。これまでさまざまな金融商品の手数料の高さについて解説してきましたが、国債は購入時の手数料がかかりません。口座開設手数料も国債購入と同時に口座を開けば無料だったり、口座管理費が0円だったりする場合があります。手数料が0円の金融商品はほとんどありませんので、この時点でお得なものといえるでしょう。

手数料がかからないために、手数料分の収益を得る必要もありません。また変動国債では価格変動に対して、利息が変動して対応してくれるために、インフレヘッジできます。変動国債は一度買ったら金融機関の口座に置いておくだけで、自動的にインフレヘッジされます。最も簡単かつ安全にインフレヘッジできるのが国債なのです。

ところが国債を購入している人はあまり多くなく、個人で購入している割合は、国債全体の約1％に過ぎません。手数料が取れない国債は、銀行にとって旨みがないので大々的に宣伝していないからです。その一方で、銀行や保険業者は国債を多く保有しています。銀行や保険会社は国債がお得な商品であることを知っているのです。

ウソ

国債を買うよりも、
預貯金をしていた方がいい

真実

超低金利の今は国債の方が有利。
さらに国債の方が
銀行の預貯金よりも安全

◉最もインフレヘッジできる国債は買えない

銀行などが大々的にセールスしていないために、国債は個人では購入できないと考えている人も多くいますが、民間の金融機関であればどこでも買うことができます。ただし、すべての種類の国債が個人で買えるわけではありません。実は、インフレヘッジできる最も良い国債は個人では直接買えません。インフレヘッジという面で一番良い商品は物価連動国債です。物価連動国債は、元金額や利払い額が物価の動向に連動して増減します。そのため、インフレ率を気にして運用する必要がありません。

ところが、この物価連動国債は個人向けには売り出しておらず、投資信託でしか買うことができません。投資信託では手数料が取られます。そもそも金利が低い国債を投資信託で買ってもあまり意味がないでしょう。私は物価連動国債も個人で買えるようにすべきだと考えています。しかし、物価連動国債が個人向けに売り出されたら、運用利回りが心配な民間の年金保険や金融商品が売れなくなったりするので、保険会社や信託銀行が反対します。こうしたことから、財務省は個人向けに売り出そうとしません。もしかしたら物価連動国債を売り出すと、同じくインフレヘッジされている年金に入る人が少なくなるからかもしれません。この物価連動国債は、私が役人時代に制度設計しました。私は個人販売まで行いたかったのですが、財務省の強い抵抗によって織り込めませんでした。今でも個人販売が認められていないのは残念でなりません。

◉銀行よりも金利が高い変動国債

インフレヘッジには物価連動型国債が一番いいのですが、買えないのではどうしようもありません。そこでお勧めなのが10年変動国債です。物価連動国債では元金額と利払い額の両方が物価に連動して変動しますが、10年変動国債は元金額が変わらず、半年ごとに金利が変動します。

金利と物価の仕組みについては第4章で詳しく解説しますが、金利には長期金利と短期金利があり、変動国債は短期金利にほぼ連動します。現在は短期金利がマイナスになっています。本来ならば、変動国債の金利もマイナスにならなければいけないのですが、わざわざ目減りする国債を買う人はいませんよね。そのため、変動国債には最低金利が0・05％に設定されています。

◉破綻リスクからも国債の方が有利

とはいえ、0・05％という金利はあまりに低いと思われるかもしれません。しかし、現状では銀行預貯金の利率よりも国債の利率の方が高くなっています。国債は金融商品のプレーンバニラと呼ばれる通り、通常であれば、銀行預貯金の利率より国債の方が利率が高くなることはほとんどありません。これは商品設計した際に、マイナス金利になることを想定していなかったから起きたレアケースです。

また、リスクという点でも銀行よりも国の方が安全であることは誰でもわかるでしょう。銀行が破綻する可能性はありますが、日本が破綻するリスクはほぼ0です。そもそも日本政府が破綻するようなことになれば、銀行はもっとひどい状態になります。銀行に預貯金しておくぐらいならば、より安全で金利が高い国債を買った方が有利という結論になるのです。

短期金利が上昇すると、連動して変動国債の金利も上昇します。マイナス金利でも最低金利が設定されているため損をすることはありません。インフレヘッジとしても、10年変動国債が、現時点で最も優良な商品なのです。

ウソ

個人で手軽に
国債を買うことは難しい

真実

全国の金融機関で買うことができる

◉全国の金融機関で購入可能

超低金利の銀行の定期預金に入るのに、より金利が高く、より安全な変動国債を買わないことは私にとっては不思議なことなのですが、国債に関する情報はあまり出回っていませんし、国債購入を勧める人もほとんどいないため仕方のないことかもしれません。周囲の人で国債を買っている人は稀《まれ》でしょうから、国債を買うことは難しいと思い込んでいる人もいるかもしれません。

国債、つまり国が発行する債券と聞くと仰々しい感じがして手軽に買えないと思うかもしれませんが、全国の民間金融機関であれば、基本的にどこでも買えます。国債に入札できる金融機関は全国にあり、常に国債を持っています。国債は、都市銀行、地方銀行、信用金庫、証券会社などどこでも買えます。このうち証券会社で買うことは避けた方がいいと思います。証券会社は国債以外の商品の購入をセールスしてくる可能性が高いからです。銀行や信用金庫で国債を買う場合は、普通預金口座などとは別に、国債専用の口座を開く必要があります。口座開設手数料や口座管理手数料がかかる金融機関もあるのでよく調べてから選ぶといいでしょう。

◉国債は誰でも買えるが口座開設が多少面倒

国債の購入に際して、金融機関から不親切な対応をされるかもしれません。これは銀行などのホームページで国債の項目がわかりづらい場所にあることからもわかります。また普通預金口座の開設では、パソコンやスマホを使って、インターネット上から本人確認書類などの画像を送れば開設できますが、国債用の口座は本人確認書類を持って店舗にまで出向く必要があるのがほとんどのようです。

国債を仲介しても金融機関に得はありません。1万円の国債を買っても販売手数料はかからず、1万円を払うだけです。そのため、国債専用口座の開設は親切なサービスとなっていないのです。もし国債しか買わないという強い意志があるならば、銀行よりも手続きが簡素な証券会社で口座を開いてもいいでしょう。

国債を購入した場合、昔は国債証書という紙が発行されていましたが、現在はすべて電子化されていますので、利子なども国債専用口座に振り込まれるだけです。かつてあった国債証書は表彰状くらいの大きな紙に利率と額面価格が記され、10年国債であれば利子と交換できる「利札」が10枚印刷されていました。国債証書には持ち主の

インターネットで国債の購入が可能な金融機関

都市銀行	三井住友銀行
	りそな銀行
地方銀行	大分銀行
	大垣共立銀行
	関西みらい銀行
	十八親和銀行
	中国銀行
	西日本シティ銀行
	広島銀行
	福岡銀行
	北陸銀行
	北海道銀行
	横浜銀行

証券会社	安藤証券
	岩井コスモ証券
	SMBC日興証券
	SBI証券
	OKB証券
	光世証券
	大和証券
	東海東京証券
	東洋証券
	野村證券
	マネックス証券
	みずほ証券
	三菱UFJモルガン・スタンレー証券
	楽天証券

名前が記載されていないので、もし盗まれたら簡単に現金化されてしまいました。現在は、電子化されたことで、第3者に盗まれる危険性もないですし、口座を開いてしまえば後の手間はほとんどかかりません。

　口座開設とともにネットバンキングも一緒に申し込むようにしましょう。口座開設までは多少面倒なことはありますが、以降はネットバンキングを利用して気軽に国債を購入することもできますし、利子などの金額もすぐに確認できます。

ウソ

国債は途中で換金できないので、急にお金が必要なときに不便

真実

購入後、1年以降はいつでも換金できる。ただし、早めに売却すると利益は少なくなる

◉10年満期はあくまで目安。1年目以降に換金可能

10年変動国債は10年満期の国債です。そのため、10年間は換金できない、あるいは定期預金が途中で解約すると損をしてしまうように10年国債も途中で換金しない方がいいもの、と思うかもしれません。しかし、10年変動国債は満期が来る前に売却して換金することができますので、10年という期間はあまり意味がありません。

ちなみに、もし本書を読んで国債を買おうと思い、銀行の定期預金を解約しようと思っている人は少し待ってください。定期預金を途中で解約すると損になるケースもありますので、定期預金の満期が来たら解約して国債に回すといいでしょう。

個人向け国債では、持っている国債を日本政府が買ったときに払った金額と同じ金額で買い取ってくれる制度があります。そのため、発行してから1年が経てば、いつでも換金できます。

また10年変動国債で重要な点は、変動金利である点です。個人が買える国債には固定型と変動型の2種類があることを述べましたが、固定型は金利が購入時に決められています。そのため、もし将来、短期金利が下がれば固定型の方が変動型よりも有利

ということになります。しかし、今はマイナス金利で、国債は最低金利の０・０５％のためこれ以上下がることはありません。そのため、固定型を買う意味はあまりありません。

一方、10年変動国債では、半年ごとに金利が変わり、景気が良くなれば金利は上がります。現在が最低金利のため、上がる余地しかないのです。半年ごとに金利が変わるということは、半年満期の短期国債を10年間にわたって20回乗り換えていくことと実は変わらないのです。

◉２年目に売却するとペナルティがある

10年満期というのは、あくまで滅多なことでは10年間売却しない、という名目に過ぎないのですが、早期に売却されないための仕組みも入っています。国債は基本的に1年経てば換金できるようになりますが、すぐに換金すると受け取れる利子が少なくなるのです。

どのようなことかというと、満期になる前に解約した場合、直前２回分の税引き前利子相当額の約０・８（正確には０・７９６８５）を掛けた額が元本から引かれてし

個人向け国債の商品性の比較（財務省公式サイトより）

商品名	変動金利型 10年満期	固定金利型 5年満期	固定金利型 3年満期
満　期	10年	5年	3年
金利タイプ	変動金利	固定金利	固定金利
金利設定	基準金利×0.66	基準金利-0.05%	基準金利-0.03%
金利の下限	0.05%（年率）		
利子の受け取り	半年毎に年2回		
購入単価（販売価格）	最低1万円から1万円単位（額面金額100円につき100円）		
償還金額	額面金額100円につき100円（中途換金時も同じ）		
中途換金	発行後1年経過すれば、いつでも中途換金が可能 （直前2回分の各利子（税引前）相当額×0.79685が差し引かれる）		
発行月（発行頻度）	毎月（年12回）		

まうのです。

これは中途換金調整額というもので、要は短期間で売却した際のペナルティのようなものです。それでも受け取る利子の方が上回っているので、元本割れはありませんが、1年で売却するとほとんど利益はないことになります。どうしても現金が必要な場合はともかく、国債は投資として考えて長く持っていた方がいいでしょう。

ウソ

国債を買うには多くの資金がいる

真実

個人向け国債は1万円から買える

◉国債は誰でも気軽に買える金融商品

国が発行する債券と聞くと、最低購入単位が高いのではと思うかもしれませんが、そんなことはありません。確かに企業が発行する社債は、機関投資家向けに最低購入価格が1億円のものが多く、個人投資家向けに小口化した「個人向け社債」でも100万円程度しますので、資金に余裕がなければ買うことはできません。

しかし、個人向け国債は、1万円単位ですから経済的にそれほど余裕がない若い人でも買うことができます。令和3年（2021）度の調査によると国債を買っている人の年齢構成比は、20～30代が16％、40代が18％、50代が19％、60歳以上が47％です。国債は年齢が高い人ほど馴染みのあるものですし、60歳以上は70代、80代など上の世代も含めるわけですから比率が高くなることは仕方がありません。全体的には幅広い世代で国債が購入されていることがわかるでしょう。ちなみに個人向け国債は、3年固定国債、5年固定国債、10年変動国債がありますが、10年変動国債が72％を占めています。インフレヘッジできる10年変動国債が人気なのです。

ウソ

国債はリスクが少ないために
元本割れしない

真実

新窓販国債を市場で売却した場合、
元本割れする可能性がある

◉株式のように市場で売却できる国債

個人向け国債は、発行1年以降は日本政府が額面価格で買い取ってくれるため、基本的に元本割れすることはありません。ところが、新窓販国債は市場で売ることができるため、売却損が生じて元本割れする危険性があります。「新窓販」は「新型窓口販売方式」の略で、２００７年に開始された、新しい窓口販売方式により発行される国債のことです。従来、郵便局のみで行われていた一定期間・一定価格で募集していた委託販売方式を民間金融機関に拡大したものです。個人向け国債と同じく、新窓販国債は固定型しかなく、２年固定利付、５年固定利付、10年固定利付の3種類があります。商品性はこれまで説明してきた個人向け国債と同じです。

新窓販国債は、金利などのシステムは同じですが、市場でいつでも売却可能です。しかし、国の買い取りによる中途換金制度はありません。1年経過ルールもないため、買った後いつでも売却できますが、売却損が発生することもあります。

私が10年変動国債を勧めたのは、手間をかけずにインフレヘッジすることが目的ですので、固定型の新窓販国債は考慮しなくていいでしょう。

ウソ

金利が高い外国債は儲かる。
日本国債よりも外国債の方がお得

真実

為替リスクを考えると
日本国債も外国債も変わらない。
手数料を取られる分、
外国債の方が損をする

◉低利回りの日本国債と高利回りの外国債

現在、日本では低金利が続いているため、日本の国債も低い金利になっています。この日本の国債に対して、高い金利の外国債はたくさんあります。例えば、２０２３年2月の段階の日本の10年長期国債の年利回りは０・４５％前後です。一方で、アメリカの3年国債の年利回りは、４％前後です。中には年利回りが７％を超える外国債もあります。そのため、外国債券は日本国債に比べて高利回りで魅力的に見えることでしょう。しかし、この利回りだけを見ていては損をしてしまう可能性が高いのです。

そもそもなぜこのような利回りの差が出るのでしょうか。それは為替リスクがあるからです。日本の国債の場合は、日本円で日本の国債を買うわけですから為替リスクはありません。これに対して、外国債を買う場合はまず最初に円をその外貨に替えなくてはいけません。

アメリカの国債で考えてみましょう。アメリカの国債を買うときには、まず円をドルに替えなければいけません。ここで、まずそれなりの手数料が取られます。ドルを円に替える際にはそのときの為替レートで替えることになります。１ドルが１３０円の為替レートだったら、1ドル投資するのに130円かかるわけです。また、アメリカ3年国債だったら、3年後にドルを持っていてもしょうがないので円に替えなくてはいけません。しかし、3年後の為替レートはわかりませんよね。

仮に円高が進んで、1ドルが100円の為替レートになっていたとしたら、1ドルあたり30円のマイナスになってしまいます。ですから、たとえ4％の金利をもらったところで、金利は4～5円程度で、3年間でも12～15円もらっているだけですから、30円のマイナスを補えません。

◉将来的に円高になることを織り込んだ金利差

つまり外国債は円安になれば利益が出ますし、円高になれば損失が発生するということです。為替リスクを考えると、表面金利の差というのは為替リスクの対価だと理解できます。4％の金利差は、為替レートの変動の予測に合わせた数字ということです。ですから表面金利が高いから外国債を良いと思うのは、為替リスクをまったく考えていないからなのです。これは経済理論にあるのですが、ドル債のリスクだけを抱えているということになります。

表面的な金利差というのは為替の先物から計算すると、為替リスク分とバランスをとっているだけになります。そうなると、外国債を買うということは、ただ手数料だけを取られたことと同じになってしまうのです。表面的な利回りだけを見てはいけないという典型的な例といえるでしょう。もちろん円安になれば利回りにプラスしてさらに利益を得られるわけですが、現状では外国債の方が高い利回りになっているということは、将来的には円高になるということが織り込まれてあるために、金利差が生まれているのです。ですから実際に先物を計算してみると、全然儲からずにただ手数料を支払うだけになることがすぐにわかるはずです。

同じことは海外の銀行預金でもいえます。現在、日本の銀行は超低金利です。これに対して、利息が高い海外の銀行は魅力的に見えるかもしれません。実は利息が高い分、外貨の為替リスクも高くなっているため、相殺されてまったく意味がないことなのです。長期的には日本の銀行に預けるのと外国の銀行に預けるのは変わりませんので、ここでも手数料分、損をしてしまうことになります。

ウソ

国債に人気が集中すれば民間企業の
株式や社債が売れなくなる

真実

需要と供給のバランスによって、
市場価格が調整される

◉市場原理が働くため国債の人気が高まっても問題なし

国債を多くの人が買ったら資金が国債に集中して、株や社債が売れなくなる、というアマノジャクな意見をいう人がいます。しかし、そのようなことはまず起きません。多くの人が国債を買おうとした場合、需要と供給の関係で、国債の市場価格は上がります。すると国債の利回りは下がり、相対的にほかの金融商品の利回りが上がります。

例えば、額面1万円、固定金利0・1％の5年債を1万円で買った場合と、1万1000円で買った場合を見てみましょう。1万円の場合は、10円の利子がつくために利回りは0・1％です。1万1000円の場合も、利子は額面通り10円のままです。しかし、1万1000円を払って10円の利子を受け取るわけですから、利回りは約0・09％になってしまいます。従って、人気が集まると利回りが下がり、次第に人気が落ちていくことになります。反対に国債に人気が集まると資金が国債に集中するため、株や社債の人気がなくなります。すると反対に株や社債の利回りが良くなり、株や社債の方が良いと考える人が増えてきます。このように市場全体で考えれば、国債に投資が集まりすぎることはなく、資金がバランスよく配分されていきます。

ウソ

日本の国債は暴落する
恐れがあるので、
ほかの金融商品の方がお勧め

真実

国債は最も安全な金融商品。
国債が紙屑になれば
ほかの金融商品もダメになる

◉日本の国債が暴落するというデマ

第5章で詳しく述べますが、「日本は国債を大量に発行して借金まみれだ。将来、国債は暴落する」と警告を発するエコノミストがいます。また、この脅し文句を使って、銀行や証券会社、保険業者はほかの金融商品を売りつけようとしてきます。しかし、これまでに述べてきたように、日本が破綻するより、銀行や保険会社、企業などが破綻する可能性の方がよっぽど高いことがわかるでしょう。国債が暴落するような事態になったら、民間の金融機関はもっとひどいことになります。

国債の信用度がさも低いかのように誘導して、地方自治体の公債や企業が発行する社債などをミックスした公社債投資信託を買わせようとする場合もあります。国債だけを買うよりも高い利回りですし、リスクも分散されるというロジックです。

しかし、破綻リスクは、国債、地方自治体の公債、社債の順に高くなっていきます。高い利回りということはそれだけリスクが高いものということです。そしてもちろん、公社債投資信託には手数料がかかってきます。低金利の今は、国債が最も良い金融商品であると断言できます。

◉まずは1万円を消費から投資に回そう

資産運用をそれほど行ってこなかった人は、まず1万円でも国債を買ってみてください。これまで説明してきたように、民間の金融機関で口座開設をする手間はありますが、国債購入金額の1万円以外にはお金はほとんどかかりません。1万円だけでは大きな利益は感じられないでしょうが、実感として国債の仕組みがわかるようになるでしょう。

経済を動かすという意味でも消費は必要ですが、例えば外食を少しだけ我慢したり、趣味に使っていたお金の一部を確保したりして、国債購入に当ててみてください。国債を買うこと、つまり投資をすると資産を得ることになり、投資したお金は「お金を生むお金」になります。

国債は財政破綻リスクが最も低い金融商品です。そして、額面額を政府が買い取ってくれるため、基本的に元本割れはしません。銀行の普通預金よりも金利が良く、10年変動国債はインフレヘッジにもなります。老後の資産形成の第一歩として国債は最適でもあり、最強の金融商品といえるでしょう。

第4章

知らないと大損する！
住宅問題の大嘘

ウソ

マンション価格は上がり続けているため、不動産投資をするといい

真実

現在の不動産価格は異常。低金利のため物件の価値が高いだけで、金利が上がれば一気に価格が下がることも

◉投機によって高騰し続けている都心のマンション価格

東京の新築マンションの価格が平均年収の約15倍になり、不動産バブルの様相を呈しています。今はまだ低金利だから住宅ローンが借りやすいため、ある程度の住宅需要がありますが、これは異常な数値です。

普通、不動産価格は年収の5～6倍ですからかなりアンバランスな状態です。そのため、現在の都心のマンション価格の高騰は投機的な動きがあると推測できます。住居用不動産の場合は戸建てとマンションがありますが、戸建ての場合はだいたい買った本人が住むことが多いのです。一方、マンションの方は住む人もいますが賃貸で貸し出す人もいます。

マンションは戸別販売ができますから、値上がりしたら転売するわけです。マンション自体が投資対象になりやすい不動産なのです。そのため、マンションの不動産投資は小口化が進んでいます。1戸を1人で買うのは難しいですが、投資対象として小口化して1口を低額にして売るということです。こうなると投資信託とまったく同じといえます。マンションの不動産投資で、小金持ちの人を対象として小口化が進んだ

新築マンション価格の変動

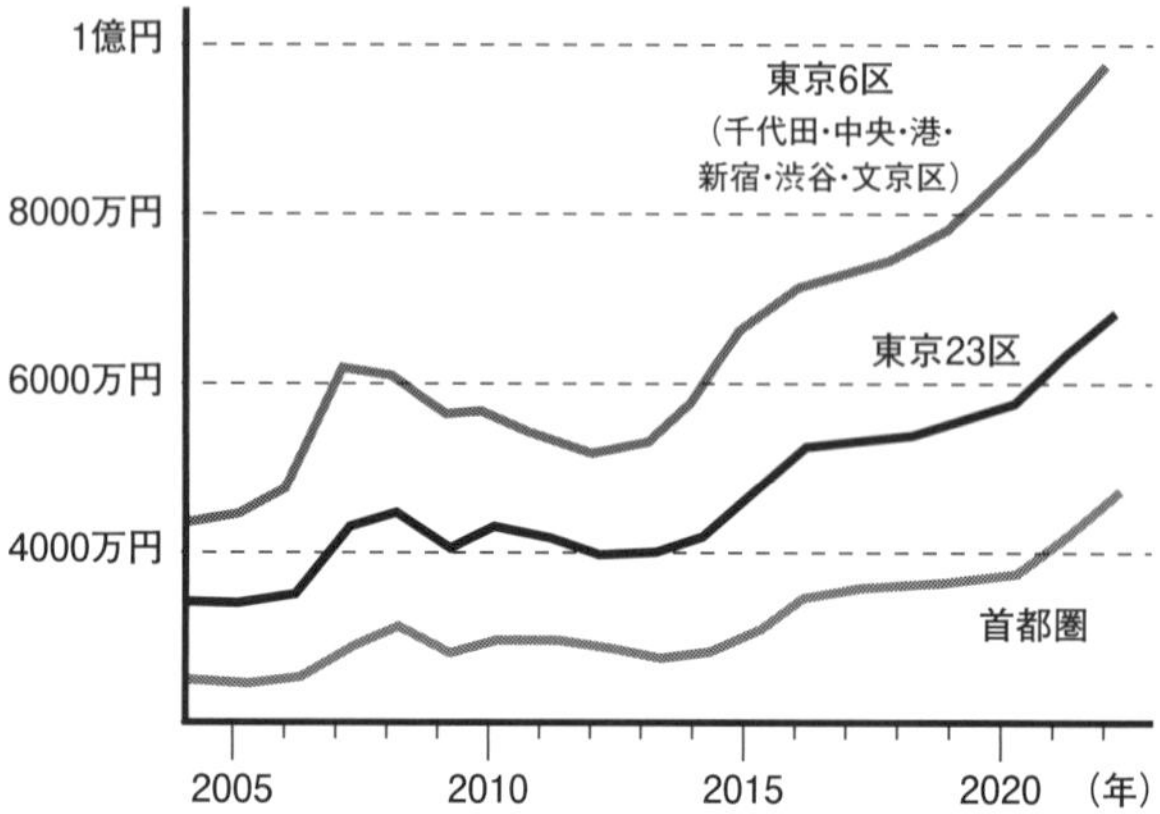

ことから、マンション価格が押し上げられているのではないでしょうか。

● 低金利によって物件の価値が上がっている

そもそもコロナ禍によってリモートワークが浸透する中で、住む家として都心のマンションへの需要はそれほど高まるはずはないでしょう。住むだけだったら、都心で狭いマンションを買うよりも、郊外に戸建てを買ってリモートワークする方がいいですよね。仕事のやり方が変わってきている中で、都心のマンションの価格が高騰しているのは実需ではなく、投機の可能性が高いのです。

現在の都心のマンションの価格の高騰を、

１９８０年代後半にはじまったバブルになぞらえる人がいますが、少し事情が違います。投資理論でいえば、将来にわたってどのくらいの家賃収入が見込めるかということを考えて、その物件の価値が決まります。自分で住むのではなく、人に貸すわけですから家賃収入が入ってきます。今の家賃収入と5年後の家賃収入を比べた場合、金利が高くなったら5年後の家賃収入は割り引かなくてはいけません。

投資物件としての価値は、これから稼げる収益（家賃収入）を分子にして、金利を分母にすると、だいたいわかります。今は金利が低く、つまり分母が小さくなりますから、物件の価値が高くなり投資の対象となっているのです。

一方で、１９８０年代後半のバブルは、こういった不動産価値の根拠は特になく、皆が不動産価格が上がり続けると信じ込み、さらに金融機関もどんどんお金を貸したために起きました。株価も不動産も上がるという前提で、金融機関もプッシュしたわけです。

このため政府は総量規制をしました。総量規制とは、金融機関が不動産会社に貸す融資額の上限を決める、というそれだけの規制です。それまで、金融機関は無制限に貸していたので、制限を設けたわけです。すると、皆が少しだけ冷静になって、こん

不動産小口化商品の仕組み

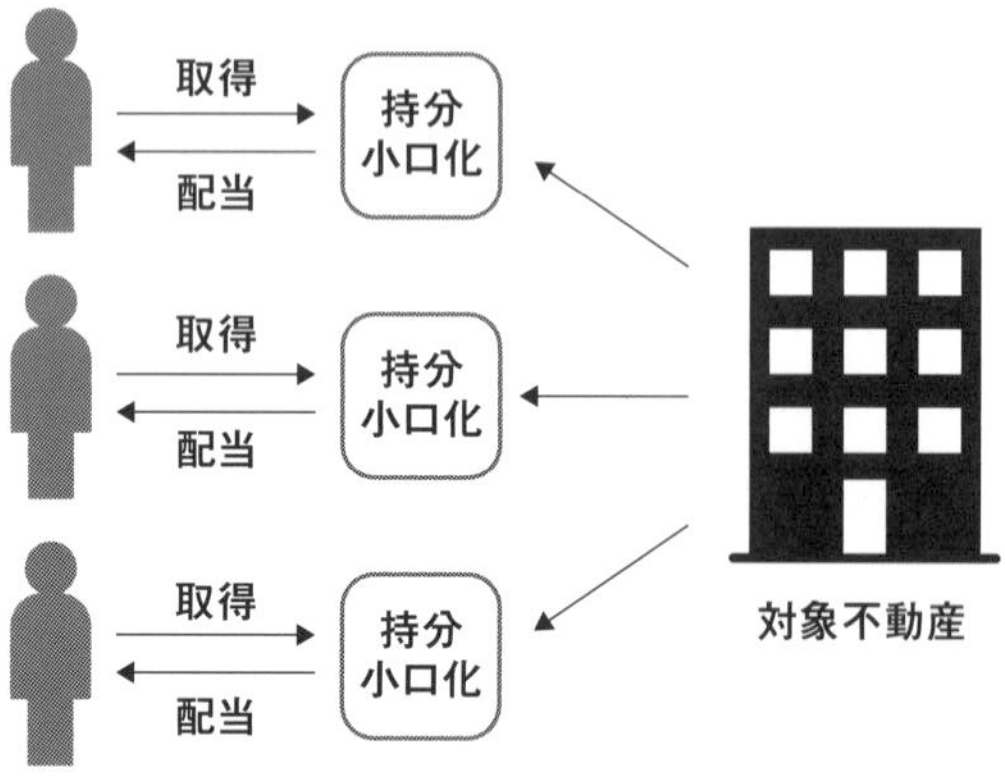

なに高値になるはずがないと気づいてしまい、バブルが弾けたわけです。

今の都心のマンションの価格の高騰は、金利が低いのが要因の1つです。そのため、今後、金利が上がったら、つまり分母が大きくなったら、不動産の価値は下がります。するとそれまで投資していた資金がほかに一気に流れ、不動産価格が下がるかもしれません。

◉節税目的でマンションを買うのはハイリスク

不動産会社のセールスに乗って、節税目的で不動産を買う人もいます。住宅ローンを借りてマンションを購入し、住民税と所得税がローンの経費を上回ってるときに少しでも赤字が出れば節税になります。つまりローンの金利よりそのマンションからの収入が低いことになります。また買った不動産は減価償却できます。何分の1かずつ、毎年減価償却して費用化することで赤字化すると所得が下がるため、税金が安くなるという話です。

しかし、考えてみればわかることですが、ローンを組んでまで赤字という物件は、すでに投資案件とはいえません。節税のために収益を赤字にするのが良いという考えは、住宅投資としてマイナスになっているわけですから、まずいに決まっています。節税のためにリスクを負ってローンを組むのは理解不能の所業です。

現在、都心の新築マンション価格が高騰していますが、高値づかみの安物もあり、投資して失敗する確率がかなり高いといえます。

ここまで新築マンション価格が高値になると節税対策としても向いていませんし、投資物件としても収益率があまり高いと思えません。不動産会社は、不動産投資は収益が赤字になりますから、節税になりますよ、とセールスしていますが、とんでもない話です。これは高値になっているからです。ですから、現在の状況で不動産投資はお勧めできません。

ウソ

老後のためには、
老後までにローンを払い終わる
持ち家の方がいい

真実

35年間もの長期にわたって
リスクを持ち続けるよりも
賃貸の方が安全

◉ローンを組んでまで不動産を持つことはハイリスク

よくある質問に、持ち家と賃貸はどちらがいいかというものがありますが、これは簡単です。ズバリ、賃貸が賢い選択です。なぜ、持ち家ではダメなのかというと、持ち家派はリスクがあることについてほとんど考えていないからです。もちろん最初から土地も建物も所有しているならば、そのまま住み続ければいいと思います。ここでのケースは持ち家を持っていない人の場合です。

わざわざ家を持つということは、お金を使うことになります。お金のままでしたら、例えばインフレなどでお金の価値が下がるといってもたかが知れています。しかし、例えば1000万円で購入した土地が将来にわたってずっと1000万円の価値を保ち続けることなどほとんどありません。土地の値段は上がり続けるもの、と思っている人もいますが、必ずしもそうとは限りません。

土地というのはなぜ価値があるのか、というとその土地が利用されるから価値が生まれるわけです。利用する企業や人がたくさん集まれば、その土地の値段は上がります。そこに経済活動があれば土地の値段は上がります。日本の高度経済成長期はまさにこれに当てはまるわけで、そのため土地の値段は上がり続けました。しかし、これからはそうはいかないでしょう。

例えば、コロナ禍によってリモートワークが進みましたので、都心に大規模なオフィスを構えるための土地の必要性は減少します。では地方の土地の値段が上がるかといえば、地方には土地がたくさんあるので上がりづらい。ですからリモートワークが進めば土地の値段は下がる可能性が高いと思います。

◉不動産価格が高い状態で購入すると下落リスクが高い

これから持ち家を買おうとしている人は、土地の値段が下がるリスクを覚悟して購入してください。今は土地の値段が高い状態になっていますから、この高い状態でローンを組んで買ったとします。これで土地の値段が下がったら大変です。もしローンを自分の給与で払えなくなった際に、土地を売って払おうとしても返せないことになります。

例えば、1億円の土地を1億円の融資を受けて購入したとしましょう。この土地の値段が5000万円に下がってしまってローンが払えなくなったら、土地を売ってもローンだけが残ることになります。持ち家を持つということにはこのようなリスクがあるということです。よく不動産会社が「持ち家を持つと、同じ間取りでも月々の支払いが賃貸よりも安く抑えられますよ」という誘い文句でセールスします。確かに、家賃には大家さんの収入分が上乗せされています。しかし、大家さんがすごく高い家賃を設定しない限りは、土地を買う価格に対して、上乗せ分はたかが知れています。それに対して、リスクの方がはるかに大きいので、普通に考えれば、持ち家を持たないという結論になるはずです。

すでに持ち家を購入してローンを払っている人は、そこに一生住み続けるのであれば問題ないと思うかもしれません。しかし、もしローンを組んで購入した土地の値段が下がったとします。するとお金を貸している側は、担保価値が下がったと判断します。その場合、新たな担保の差し入れを求められることもあります。

先ほどの例でいえば、1億円の土地の価値が5000万円に下がった場合、差額の5000万円分の担保を求められることもありうるのです。これは住宅ローンにおいて基本的には同じです。貸している側はリスクに対してあらゆる手段を講じてきます。借りている側もこのようなリスクをあらかじめ考えておくべきです。ですから、持ち家の人は売却をして賃貸に変える方が賢い選択だと思います。今ならば土地の値段は下がっていませんから、売却してローンを完済することも可能でしょう。一方、貸している側はローンを早めに完済されると収入減になるために勧めてきません。

◉長期のローンを組むことで下落リスクはより高くなる

最悪のパターンは、ローンを組んで購入した不動産が災害などで資産価値がなくなって、ローンだけが残る場合です。長期のローンを組むということは、そのようなリスクがあるということです。

私からすれば、なぜリスクを抱え続けるのか、理解できません。持ち家の価値が下がるかもしれないという変動リスクを抱えながら、お金を借りるわけですから。賃貸の場合は、この変動リスクがなくなります。もちろんお金をたくさん持っていて、ほかに使う予定もないのだったら持ち家を買ってもいいでしょうが、高額のローンを組んでまで大きな買い物をすることはないのです。

高額の買い物というと、車をローンで買う人もいるでしょうが、ローンの期間が短いですから、車の価格の変動リスクはほとんどありません。一方で、住宅ローンは多くの場合は35年ローンですよね。その間に災害もあるでしょうし、社会や経済の情勢の変化もあるわけです。もちろん土地の価格の変動リスクもあるわけです。35年先まで予想できる人はいませんから、あらゆるリスクがあるわけです。

実は、外国では持ち家の人は半分以下がほとんどです。日本は約60％が持ち家世帯ですから高い比率です。アメリカは持ち家比率が高いですが、これは家を持って、売って、また別のところに行く、というパターンが多いためです。持ち家率が高いのはアメリカ人と日本人くらいです。ヨーロッパの人はほとんど持ち家ではなく賃貸の人が多い。持ち家は世界のスタンダードではないのです。持ち家にはリスクがあるからです。このリスクを補うぐらいの収入があれば別です。土地の価値が下がることを補うほど右肩上がりに収入が増えていくのならばいいですが、そこまでリスクを負うことはないと私は思います。

高齢者になると賃貸を借りづらくなるという意見もあります。しかし物件がまったくないということはあり得ません。老人ホームもある意味では賃貸といえますし、条件にこだわらなければいくらでもあるでしょう。どうしても不安であれば、貯蓄をして頃合いを見て最後に終の住処を買うというのもいいでしょう。

ウソ

住宅ローンは固定金利よりも金利が低い変動金利がお得

真実

現在の住宅ローンの金利は最低水準。今後は上昇することが予想されるため、固定金利の方がローリスク

固定金利と変動金利

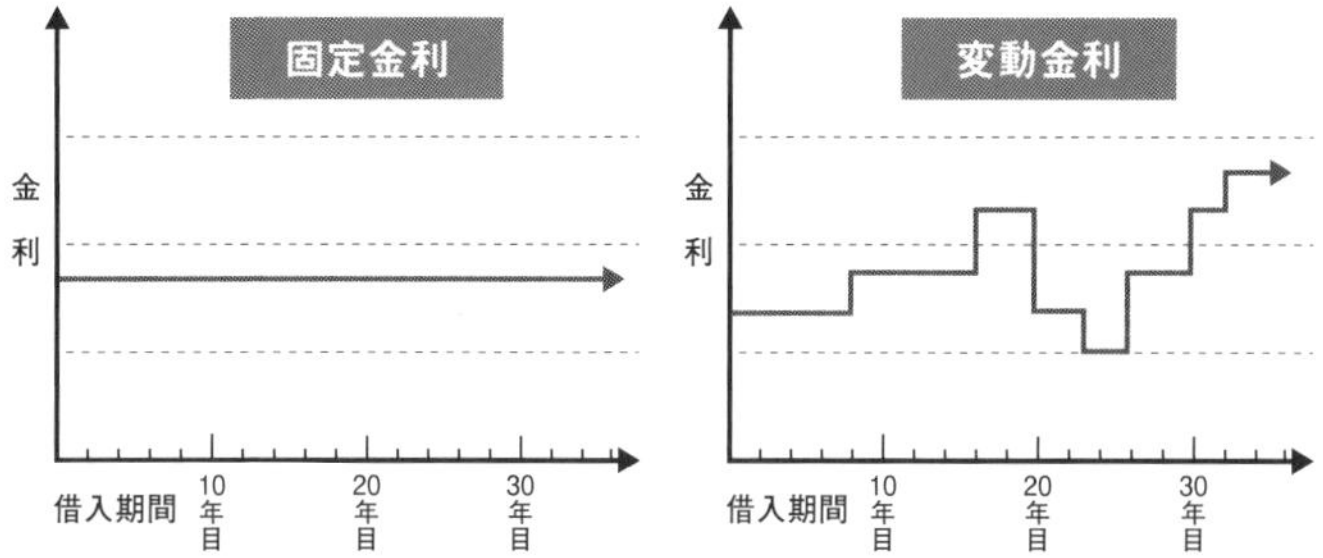

固定金利は借入時の金利が返済終了時まで変わらないが、変動金利は返済の途中でも金利が変動する。

◉固定金利と変動金利のメリットとデメリット

住宅を買う人はご存じだと思いますが、住宅ローンには変動金利と固定金利の2種類があります。固定金利というのは、20年ローンならば20年間、35年ローンならば35年間、金利が変わらないローンです。

変動金利は将来的に上がる可能性があるため、リスクがあります。一方で固定金利は金利が変わらないため、将来予測がしやすくリスクはありません。ただし、固定金利は変動金利と比べて、割高に設定されています。

固定金利の利率は金融機関の事情によって変わります。例えば、銀行のバランスシートを見てみると負債の方に預貯金（定期預金）があって、資

金融機関のバランスシート

資産	負債
貸出 固定金利／変動金利	預貯金 定期預金
有価証券	資本

産の方に貸し出しがあります。この資産の中にも変動金利と固定金利があります。預貯金の多くは1年定期預金です。1年ごとに金利が変わります。支出の方も同じように合わせようとすれば、変動金利の方が銀行側にとってリスクはなくなります。これに対して固定金利は銀行側がリスクを負うわけですから固定金利の方が割高になるのです。

ですから銀行側から見れば、変動金利はリスクがなく、固定金利にはリスクがある。借入者から見れば、変動金利はリスクがあって、固定金利はリスクがない。固定金利が割高なのは、銀行側がリスクを負う対価であり、辻褄《つじつま》が合っているわけです。

◉銀行にとっては変動金利が望ましい

固定金利の方が借入者にとってリスクは少ないのですが、実際には7割以上の人が変動金利で住宅ローンを借りています。これは銀行が変動金利を勧めるからです。また不動産業者もローンの月々の支払額を安く見せることができる変動金利でシミュレーションを提示します。変動金利というのは、銀行にとっても不動産会社にとっても、ありがたいものなのです。

ちなみに固定金利のフラット35は、住宅金融支援機構が出している住宅ローンですが、なぜこれが可能なのかというと、銀行とは異なる構造のためです。住宅金融支援機構は預貯金の代わりに10年国債になっています。銀行の預貯金は1年定期預金ですが、住宅金融支援機構の国債は10年国債なので、銀行に比べて固定金利のリスクが少ないのです。

◉固定金利と変動金利の仕組み

まずいっておきたいのは、確実にどちらかが儲かるとはいえないということです。今後、普通の経済状況が続くと仮定した場合、どちらの利払いが少なくなるかということは予想できますが、この「普通の経済状況」という仮定が崩れたら予想もはずれるでしょう。

これまで金利の話をしてきましたが、では住宅ローンは短期金利と長期金利のどち

固定金利と変動金利のメリット・デメリット

	固定金利	変動金利
メリット	・毎月の返済額が決まっているために将来の生活設計が立てやすい。 ・将来の金利上昇リスクを気にしなくていい。	・金利が固定金利よりも低く設定されている。 ・将来、金利が下がればさらに返済負担が下がる。
デメリット	・金利が変動金利よりも高く設定されている。 ・金利が下がっても、恩恵を受けられない。	・返済額が変動するため、将来の生活設計を立てづらい。 ・金利が上昇した際に、収入が上がらなければ支払いが困難になることも。

将来、金利が上がることが予想される
⬇
固定金利

将来、金利が下がることが予想される
⬇
変動金利

らかというと、長期金利になります。

ですから、住宅ローンの金利はこれから上がっていく可能性があります。ただし、もちろんこれはあくまで予想であることを承知しておいてください。

これからローンを借りる人、あるいは借り換えをする人は、こうした長期金利の予想をしてみてもいいでしょう。

もし今後、インフレ率が上昇すると読むと、日銀が短期金利を上げるため、長期金利も上がり、住宅ローンも上がることになります。その場合は固定金利の方がいいでしょうし、将来的にはインフレ率はそこまで上昇しないと予想するならば変動金利を選ぶことになります。

◉今後の金融政策を予想すると固定金利が有利

これから住宅ローンを借りる場合について考えてみましょう。固定金利は過去数十年間で一番低い水準です。ということは、それより低い固定金利はなかなか出にくいといえます。変動金利は固定金利に連動して動きます。固定金利が高くなると変動金利も高くなりますし、固定金利が低くなると変動金利も低くなります。固定金利が現在、歴史的に一番低い水準ということは、将来的には固定金利は今より高くなる可能性があるということになります。すると、将来の変動金利も今より高くなる可能性があると予想できます。このように考えると、今、ローンを組むならば固定金利の方がおそらく利払いが少なくなる可能性が高くなります。

変動金利にすると固定金利にはないリスクもあります。将来、景気が良くなった際に金利が上がりますよね。この景気が良くなったときに自分の収入も一緒に上がれば問題はないのですが、自分の収入が景気に応じて上がるかはわかりません。好景気でも業績が伸びない会社もありますし、もちろん潰れる会社もあります。そのような場合、変動金利の人は変動幅が大きくなってしまい、毎月の支払いができなくなってしまうケースもありうるわけです。固定金利の方が将来的な予定を立てるという意味では安全ですよね。

変動金利は現在1％を切っています。これがずっと続けばいいですが、上がる可能性の方が高い。さらに好景気になると変動金利は10％近くになります。1980年代後半のバブルのときには変動金利というのはなかったのですが、長期金利が8％だったことを考えると、変動金利はそれより高かったことになります。

ですからこれから2～3年はもちろん変動金利は低い水準だと思いますが、将来的には不利になることはほぼ確実です。

◉利上げはすでに政府の既定路線

これまでは、日本銀行は黒田東彦総裁のもとで金融緩和を続けるといい、長期金利を0％に据え置くとしていたので金利が上がる余地は少ない状態でした。しかし、2023年4月に日銀総裁が植田和夫さんになります。実は植田さんの経歴は私と似ています。東大数学科の先輩で、その後東大の経済学部に学士入学した点も私と同じで

変動金利と固定金利の推移

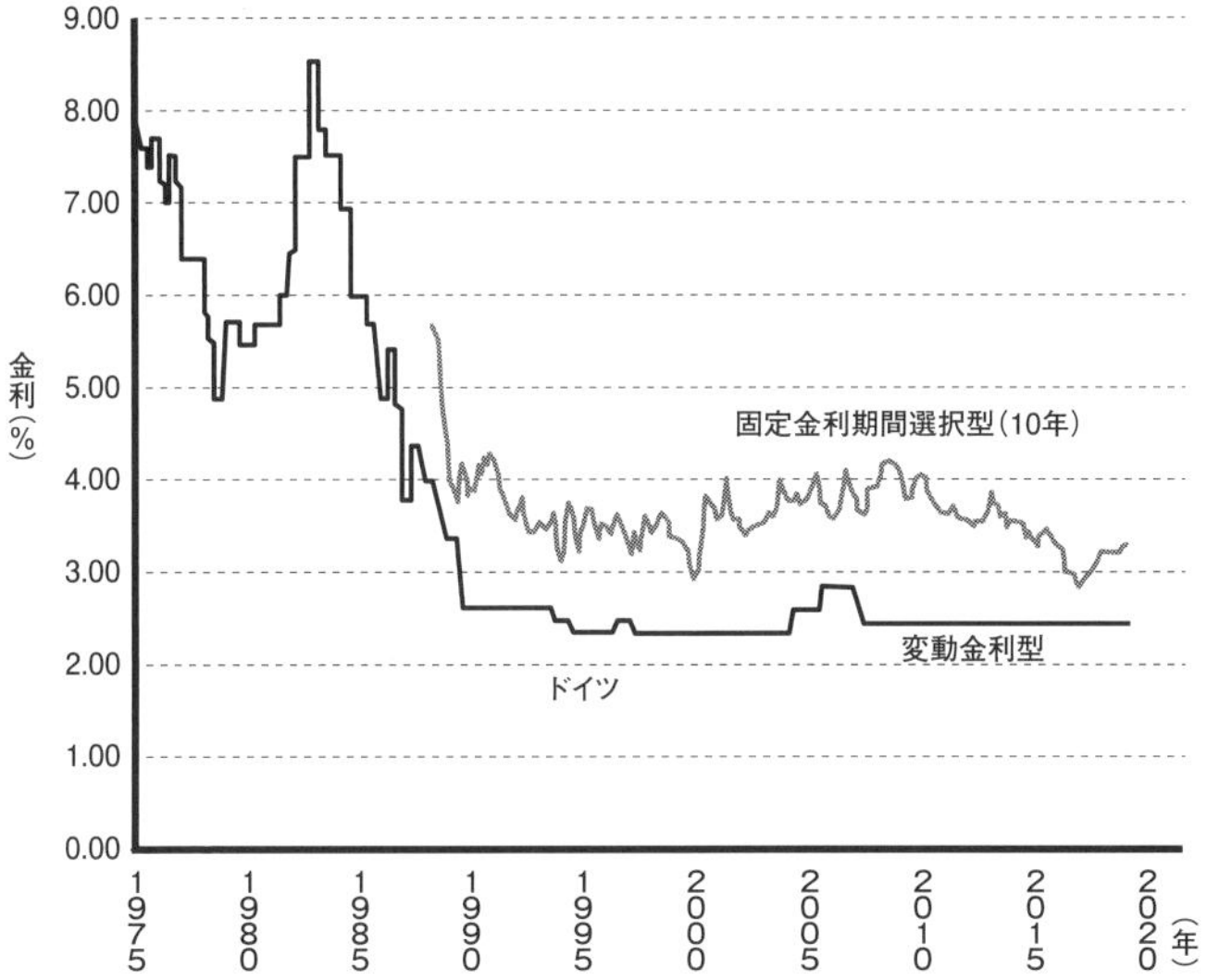

す。私が大蔵省の官僚のときには植田番と呼ばれて植田さんに説明に行くのが私でした。理論的な人ですし、頭もキレます。

新聞などは日銀の独立性をやたら声高にいいますが、日銀はいわば政府の子会社です。そのため親会社である政府の利上げ路線は変わらないので、日銀総裁が変更後に利上げに向かうのはほぼ間違いないでしょう。

ウソ

金利が上がる場合は、
すぐに借り換えをした方がいい

真実

固定の場合、
ローン価値は計算できる。
手数料を含めて損にならない
借り換えが必要

◉変動金利の人は借り換えをすると有利

では住宅ローンをすでに変動金利で借りている人はどのように対応すればいいのか。まずは自分の収入を増やすことがベストです。本業での収入が上がりづらい場合は、副業をしてもいいでしょう。あるいは思い切って、持ち家を売却して賃貸に切り替えることも1つの手段です。

しかし、なかなか収入を増やすことが難しい場合や、子どもの教育上、引っ越しが難しい場合などで、現状の持ち家を維持して住宅ローンの借り換えを視野に入れている人も多いことでしょう。1つの銀行で借り換えをすることは嫌がりますから、ほかの銀行から長期固定金利ローンを借りて、もともとの銀行のローンを繰り上げ返済するという形になります。

固定金利ローンの場合は、ローン価値は簡単に計算できます。資産と同様に負債も計算できるのです。固定金利の場合は支払額が決まっているわけですから、資産よりも簡単に計算できます。ですから借り換えをする前に、現状と借り換えた場合のそれぞれのローン価値を計算して、どのくらいまで金利が上がった場合、固定金利に借り

住宅ローンの借り換え

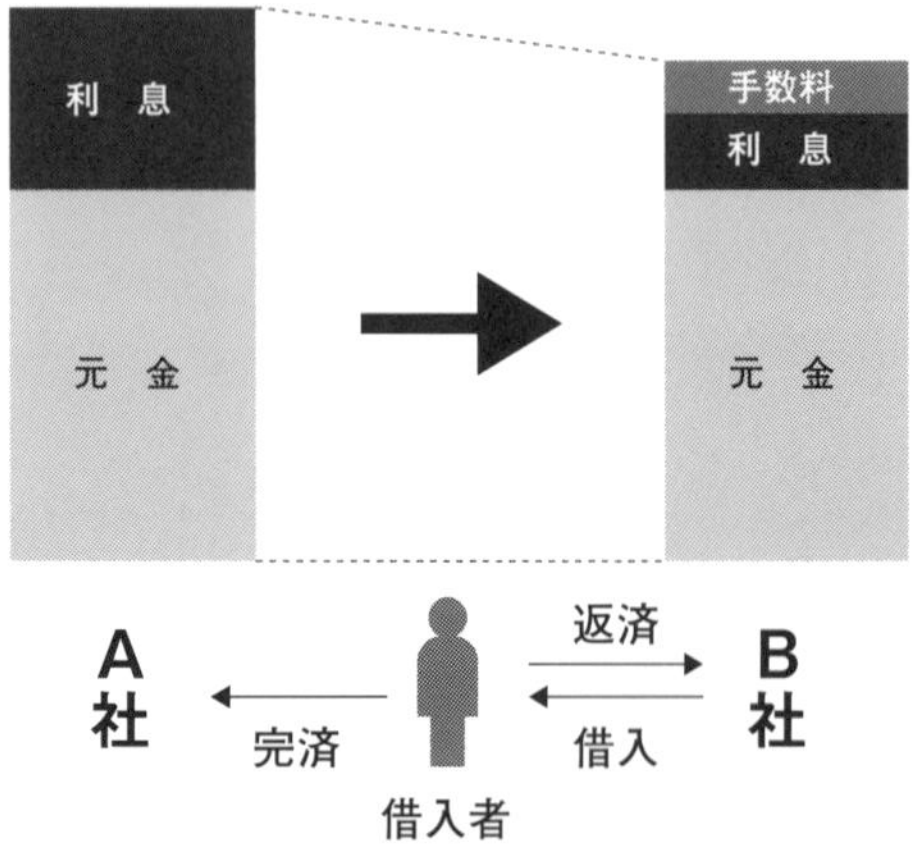

換えた方が有利かをシミュレーションする必要があります。

◉借り換えで負担が楽になる分、銀行は手数料を取る

今、住宅ローンの借り換えのセールスがやたら多いですが、借り換えを勧めるのは、勧める側が儲かるからです。当たり前のことですが、良心から借り換えを勧めているわけではありません。そのため、ローンを借りる側も金融リテラシーを持つ必要があります。

借り換えをすることで負担が軽くなることは、当然金融機関側も予測しています。軽くなる差額分のうちのかなりの部分を手数料として取ろうとします。そのため、金

融機関の手数料も込みでローン価値を計算しなくてはいけません。この計算はそれほど難しいものではありませんが、自分でできなければ金融機関に計算してもらうこともできます。また金融機関のホームページには、シミュレーションツールがあり、借入額や借入期間、金利、返済方法などを入力するだけで、返済額が自動で計算できます。条件を変えた試算もできるため利用してもいいでしょう。

借り換えの相談に行くと、「こちらのタイプですとこのように楽になりますよ」とタイプの違うローンを勧められることもあります。しかし、このような別のタイプは、ローン価値を計算しないと、有利になるか不利になるかはわからない場合もあります。そのようなときに、ローン価値を計算させれば、金融機関の人も警戒していい条件で交渉できると思います。

変動金利はまず間違いなく上がるでしょうから、どのくらいまで上がったら借り換えの手数料込みで固定金利に変えれば得をするのかは計算する必要があります。住宅ローンは金額が大きいため、金利によって最終的な支払額が大きく変わってきます。手数料や金利などをシビアに計算して借り換えを考えましょう。

ウソ

頭金ゼロで
夢のマイホームが手に入る

真実

頭金ゼロということは
頭金分の利息を追加で支払うことに。
金利が上昇すればすぐに
家計の危機に

◉頭金なし、今の賃貸料で夢のマイホーム!?

昔ならば頭金がなければ月々の支払いが高額になってしまったところを、頭金なしでも月々の支払いが無理なく、夢のマイホームが買えそうなシミュレーションが金融機関から提示されることもあると思います。頭金なしで、現在の家賃とそれほど変わらずにマイホームが手に入りそうならば、買ってしまおうと考えてしまう人も多いことでしょう。

しかし、なぜ月々の支払いが払えそうな金額になっているかというと、ローンが30年や35年といったかなりの長期に設定されているからです。頭金ゼロに魅力を感じる人は利息を見過ごしがちです。

当たり前の話ですが、頭金ありと頭金なしでは支払い総額が変わってきます。例えば、500万円の頭金を支払った人に対して、頭金なしの人は500万円分の利息を支払わなければいけません。500万円のローンをプラスしていることと変わらないのです。ですから頭金が多いほど、その分利息が減るので、総支払額は最終的に少なくなります。前に述べたように現在の金利は最低水準のために今後上がる可能性が高くなります。すると、金利が高くなると頭金分の利息もさらに重荷になってくることになります。

◉頭金ゼロで買うと金融機関が丸儲け

どのくらい自己資金があればいいかは一概にはいえませんが、現状の金利でいえば、3割くらいの自己資金があれば、つまりローンが7割であれば一応問題ないでしょう。金融機関はもちろん住宅ローンで儲けを得ているわけですから、金融機関の儲け分をいかに少なくするかがポイントになります。

そうなると、自己資金が多いというのは望ましいことになります。頭金ゼロというのは、金融機関が丸儲けということになります。反対に全部自己資金で購入するのであれば金融機関はまったく関係なくなります。

◉銀行は貸付先の資産を自分たちの取り分と見ている

持ち家を頭金なしで買うことを、企業が不動産を買う場合で考えてみると、いかにリスクが高いかがわかりやすいかもしれません。企業が自社ビルを銀行から借金をして建てたとします。銀行は貸付先の資産＝自分たちの取り分と考えます。そのため、全額借金で自社ビルを購入した場合、資産価値が少しでも下がれば、銀行の取り分は減っていくことになります。

資産価値が下がれば、資産が生み出す収益が借金に対して支払う利息を下回ることもあります。借金の利息も払えない状態になると、銀行は資産を売却させて自分たちの取り分を確保しようとします。

もし、3分の1の自己資金を用意して、残り3分の2を銀行から借りた場合、仮に資産価値が3分の2まで下がっても、銀行は自分たちの取り分を確保できると考えるため騒ぎません。このような仕組みは、住宅であっても基本的には変わりません。

これから金利が上がることが予想される中で、「今が買いどき」と思う人もいることでしょう。しかし、現状でまとまったお金がないのであれば、頭金を貯めてから購入する方が安心であることは間違いありません。もちろん、頭金ゼロでマイホームを購入しても構わないですが、これまで述べてきたようなリスクがあることをよく理解した上で、決めるようにしてください。

ウソ

持ち家は資産になるため堅実な選択。将来、住宅費がかからず安心

真実

住宅ローンで持ち家を買うということは、資産と負債を両方持つということ。資産価値の上下によってメリットとリスクがある

◉バランスシートで持ち家と賃貸を考えてみる

この章の最初に述べたように、私は基本的にはリスクを抱えて持ち家を持つよりも賃貸の方をお勧めしていますが、マイホームを持つかどうかはその人の人生観によるところもあるので、すべては否定しません。ここでは経済学的に、マイホームを持つということはどういうことか考えてみましょう。

持ち家というのは資産です。一方で持ち家を購入するための住宅ローンは負債になります。これを自分のバランスシートで見てみると、左側に持ち家の資産があり、右側に住宅ローン＝負債があるということになります。つまり、資産と負債を両方持つ人になるということです。一方で賃貸の人はどのようなことになるかというと、持ち家という資産がなく、住宅ローンもないということになります。資産も負債も両方ない状態ということです。

つまり、持ち家VS賃貸の論争というのは結局、資産と負債を両方持つ方を選ぶか、資産も負債も両方持たない方を選ぶか、ということになるのです。もしどちらかにメリットが偏っていれば、ほとんどの人がそちらを選ぶでしょうから、両方がいまだに議論されているということはそれぞれにメリット・デメリットがあるということです。

持ち家のメリットは、持ち家の価値、つまり資産が値上がりしたら得になることです。資産が増えたらそこで家を売ってローンを返して手元にお金が残る形にもなるわけですから得ということになります。今は都心のマンション価格や東京近郊の住宅の価格は上昇傾向にありますが、資産が減るということも当然あり得ます。災害などで資産価値が一気に下がってしまうこともあるわけです。このリスクをあまり気にしない人は、資産と負債を両方持つパターンの人ということになります。

●実は持ち家よりも賃貸の方が堅実な選択

リスクを気にする人は資産を持たない、ということになります。資産を持たなければ目減りするリスクがはじめからないことになるからです。その代わり増えるメリットもないということです。わかりやすい例が、同じマンションで持ち家の人と賃貸の人がいた場合です。災害によって資産価値が減っても、賃貸の人はなんの損もありません。一方でこのマンションの資産価値が上がったところで、そのメリットもないわけです。リスクもメリットもないのが賃貸ということです。私はリスクを持たない方が楽というタイプですから、借金をしてまで資産を持つことはないと考えます。

マイホームを購入している方が堅実な生き方をしているように見えるかもしれませんが、バランスシートで考えてみると実は持ち家の方がハイリスク・ハイリターンの選択をしていることになるのです。

これは高齢になった場合でも同じことです。バランスシートで見た場合、持ち家を持つのも賃貸なのも変わりません。もし、それなりに貯蓄があった場合、ローンを組まないのであれば、一生の証、これまで働いてきた自分へのご褒美として持ち家を買ってもいいでしょう。そして将来的には子どもなどに相続させてもいいと思います。もちろん、持ち家を持たずに資産を現金のままにしておくのもありです。資産を現金で持つか、不動産で持つかの違いですから、考え方次第です。

繰り返しになりますが、住宅ローンを組むことはこのケースとは異なります。資産と負債を同時に持つことで、資産が目減りした場合に負債が残るリスクを抱えてしまうからです。そのようなリスクヘッジが面倒ならば、賃貸で暮らしてお金を貯めて、最終的にお金としての資産が残ったら家を買ってもいいですし、そのままお金を持ち続けてもいいでしょう。

ウソ

自動車ローンは短期間のため
リスクが少なくお得

真実

経済合理性を考えればカーリース、
あまり車に乗らないならば
カーシェアリングも選択肢に

◉ローンで買えば自動車も下落リスクがある

自動車も住宅ほどではありませんが高額です。そのため、自動車ローンを利用する人も多いことでしょう。基本的な考え方は、前述したように持ち家がいいか、賃貸がいいかの選択に似ています。

持ち家の場合は資産と負債が大きいために資産価値の下落のリスクがありました。自動車においても持ち家ほどではありませんが、資産価値が減るリスクがあります。例えば地震などで車がダメになってしまったら、資産価値はゼロになってしまうでしょう。ただし家は数千万円、自動車は数百万円で、資産価値は10分の1から20分の1程度ですから、リスクも10分の1から20分の1程度ということになります。自動車の場合、一番大きいリスクは自動車事故で、資産価値はなくなってしまいます。

リースの場合は、自分では持たずに、ずっと保険を掛けている感じになります。その分、お金はかかります。毎月のリース代にはリスクを持たない分のコストも払わなければいけなくなります。

◉リースにすれば税金や車検などの手間が省ける

私がお勧めするのは、短い期間のリースで新しいものに頻繁に換えることです。短い期間で新車をリースして、またすぐに新しい車に換えるというのがいいのではないかと思います。自動車を買うと、基本的には廃車まで持つことになります。もちろん、途中で売却して買い換えてもいいのですが、それだったらリースにして、一定期間が経ったらまた新しいものに換える方が手間もかからず簡単でしょう。

もし、中古車を売って買い換えるとなると、そのときの価格を含めて全部自分の責任で行わなくてはいけません。その点、リースは安心で手軽です。リスクがない分割高ですが、リスクや売却の手間をかけずに年中新車に乗れるリースの方が楽ですし、いいと思います。

また自動車を所有していたり、売却したりする際にすべて税金がかかってきますが、リースだとそれも込みです。もちろん新車購入時の登録や車検などの手間もありません。リースだとこれらがリース料のみでできるので費用管理も簡単です。もろもろの自分の手間を省けることを考えたら、私はリースを選びます。

◉週に一度くらいの利用ならばカーシェアリングも

もし、ローンではなく現金一括で購入した場合は、自動車所有とリースは業者に払う手数料分の差だけになります。そうした場合は、どちらを選んでもいいと思います。私の場合は手間とかを考えるとリースの方が気楽でいいと思っていますが、自動車を所有したい人もいるでしょうから、これは考え方の違いでしょう。

これまで、リースを勧めてきましたが、実は私自身は現金一括で自動車を買っています。本当はリースの方がいいと思っている部分もあるのですが、私の家族の関係者には自動車関連の人もいるので、自動車を買っています。これは経済的な観点というよりも人間関係の方を優先しているからです。経済的なことだけを考えれば、リースの方が気楽だとは思っています。私自身もすべて経済合理性だけで、動いているわけではありませんので、このようなことも当然あるのです。もしなんのしがらみもなく合理性だけを追求した場合は、リースで新車に乗るのが一番いいと思っています。

意外とリースが普及していないのは、リースのメリットがまだそれほど知られていないのと、私のように人間関係があるからかもしれません。ただし、会社経営をしている人は経費的な面からリースを選ぶことが多いと思います。

最近、普及したもう1つの選択肢にカーシェアリングがあります。これはカーリースよりも手軽です。ただし、使いたいときに使いにくいというデメリットもあります。週に1回程度であれば、カーシェアリングでも十分でしょう。ですから使用頻度が低い人はカーシェアリングでもいいと思います。反対に、週に何度も利用する場合はカーリースがいいでしょう。

利用価値を考えれば、モノを所有することにこだわる必要はないということです。ましてや、リースの場合は所有しているのとほぼ変わらない感覚で利用できますので、自動車をよく利用する人はリース、ほとんど使わなければカーシェアリング、さらに年に数回程度だったらレンタカーということになります。

第5章

イメージではなく数字で判断せよ！
日本経済の大嘘

ウソ

日本の借金は1200兆円もあり、日本は財政破綻する

真実

日本が財政破綻する可能性は1%もない

◉国債が紙屑にならないための保険ＣＤＳ

日本は将来、１００％財政破綻すると断言する経済学者やアナリストがいます。まずこのようなことをいう人がズルいのは、いつまでに財政破綻するとはいわないことです。１００年先、１０００年先ならば財政破綻どころか国そのものがなくなっている可能性もあるわけですから、期間を設定しなければ説得力がありません。

私は以前、あるテレビ番組で財政破綻派の人たちと議論したことがあるのですが、私がいつまでに財政破綻するのか聞いたところ、だいたい5年から10年という意見でした。やはり10年を超える予想となると無責任な印象を受けるからでしょう。

そこで私は、財政破綻派の人にＣＤＳ（クレジット・デフォルト・スワップ）という金融商品を勧めました。ＣＤＳは一般にはほとんど知られていない金融商品です。これは国が財政破綻して国債が紙屑になってしまった際の保険です。保険というのはおもしろいものであらゆるものに対して保険があります。ＣＤＳもその１つです。保険ならば当然、保険料がかかります。

保険料はその事態が起きる可能性によって変わります。例えば、生命保険の場合、自動車レーサーは死亡リスクが高いため保険料はすごく高くなります。一方、事務作業の公務員は危険な仕事がほとんどないため保険料は安く設定されます。

◉CDSから見た、日本が財政破綻する可能性

CDSの保険料もその国の財政破綻の確率によって変わります。財政破綻の危険性がある国ならば保険料が高くなりますし、財政が健全な国ならば保険料は安くなります。では日本国債のCDSの保険料はいくらかというと年間わずか0・3％程度です。もし10年で日本が財政破綻すると考えるならば、この保険に入れば大儲けできます。

例えば、保険料が0・3％で10年間保険料を払うと3％。つまり3％払うだけで100％返ってくるわけです。30倍以上儲かることになります。ですから私は財政破綻を主張する人には、このCDSをお勧めしています。

CDSの保険料が0・3％というのは5年以内に日本が財政破綻する確率です。国際市場から見て日本が5年以内に財政破綻する確率は、ほぼ0に近いと評価されているのです。

◉バランスシートを見れば破綻しないのは一目瞭然

では、なぜ破綻しないのか。バランスシートを見ればわかります。バランスシートは左に資産があって、右に負債があります。第4章で説明した不動産で破綻する状態というのを見てみましょう。例えば頭金を1割で、残りの9割を銀行からローンをするということにします。資産は100で、借金は90ということになります。資産は、値上がりすることもあります。資産が120になれば銀行はウハウハです。しかし、反対に資産が値下がりして80になったとしたら、不動産を売っても銀行は90貸していたのに80しか返ってこないことになります。銀行が貸しているお金を回収できなくなる状態になるのが、破綻するということになります。破綻というのはこのバランスシートを見ればわかります。借金が払えない状態になると債権者の方が裁判所に破産事由を申し立てるときにこのバランスシートを提出します。

それでは日本のバランスシートを見てみましょう。国の借金は1200兆円といいますが、借金にもいろいろありますので、きちんとバランスシートをつくると、負債は1500兆円くらいです。資産の方はどれくらいあるかというと、ざっくりいうと

1600兆円くらいあります。ですから破綻しないのです。財務省やマスコミは負債の方しかいいません。バランスシートの左の資産の部分はいいません。この国のバランスシートは財務省のホームページに出ています。実はこの国のバランスシートは、1994年に私が大蔵省にいたときにつくったものです。

◉日本政府には「子会社」がたくさんある

現状はまったく問題ないのですが、日本には「隠れ財産」もかなりあり、ざっくり500兆円くらいあります。隠れ財産で一番大きいのは、民間にはない徴税権です。これは税金を徴収する権利です。何もしなくても30兆~40兆円入ってくるわけです。この毎年入ってくる税金を資産化すると、500兆円くらいに相当します。このバランスシートから破綻確率が計算できます。すると1%にも満たない破綻確率になるわけです。

ですから私は日本が破綻するか、と聞かれたら、破綻するかしないかで答えるのではなくこの確率で答えています。つまり、「日本が破綻する確率は1%未満です」と答えます。負債の方が大きくなればもちろん破綻しますが、現状の確率は1%未満しかないのです。

さらに、資産の部分はもっとあります。政府は、独立行政法人や特殊法人などでさまざまな事業をしています。民間でいうところの「子会社」がたくさんあることになります。これを連結します。会社の場合は連結といいますが、政府の場合は正確には統合政府といいます。

連結して最も大きいのは日本銀行です。日本銀行はお金を刷っているわけですから、事実上負債がなくて資産だけある状態です。よく日本銀行の「独立性」をマスコミがいいますが、会計的には政府の子会社です。

国の借金は3ヶ月に1度、財務省によって発表され、マスコミは数字だけ変えて繰り返し報道します。確かに国の借金の額は事実ですが、財務状況を見るためには左側の資産も見なくてはいけません。日本のバランスシートは、もちろん海外向けにもつくられ発表されています。日本が破綻しないというのは、外国から見たら当たり前のことであり、ＣＤＳが低く設定されているのもそのためなのです。

ウソ

約1000兆円の国債を発行する日本は借金まみれ

真実

日銀が持っている国債の半分はないのと同じ

◉日銀が持つ500兆円分の国債は利払いなし

国の借金についてもう少し詳しく見てみましょう。国が発行する約1000兆円の国債のうち、日本銀行がだいたい半分の50％を持っています。

日銀が持っている国債はもちろん国の借金です。しかし、日銀が持っている国債というのは少し意味が違います。借金が大変なのは利払いをするからです。日本銀行が国債を買い取るとその利払いが事実上、なくなることになります。

少しわかりにくいかもしれませんので順を追って説明しましょう。まず国が借金をする、つまり国債を発行します。この国債を持っている相手に日本政府は利払いをしなくてはいけません。では、国債を日銀が持っているとどういうことになるか。日銀が国債を持つ場合は、日銀はお金をタダで刷って政府に支払いをします。次に政府は日銀に国債の利払いをします。これがまるまる日銀の収益になります。しかし、日本銀行の収益は日銀納付金として100％政府が取ることになります。

日本銀行への国債の利払い

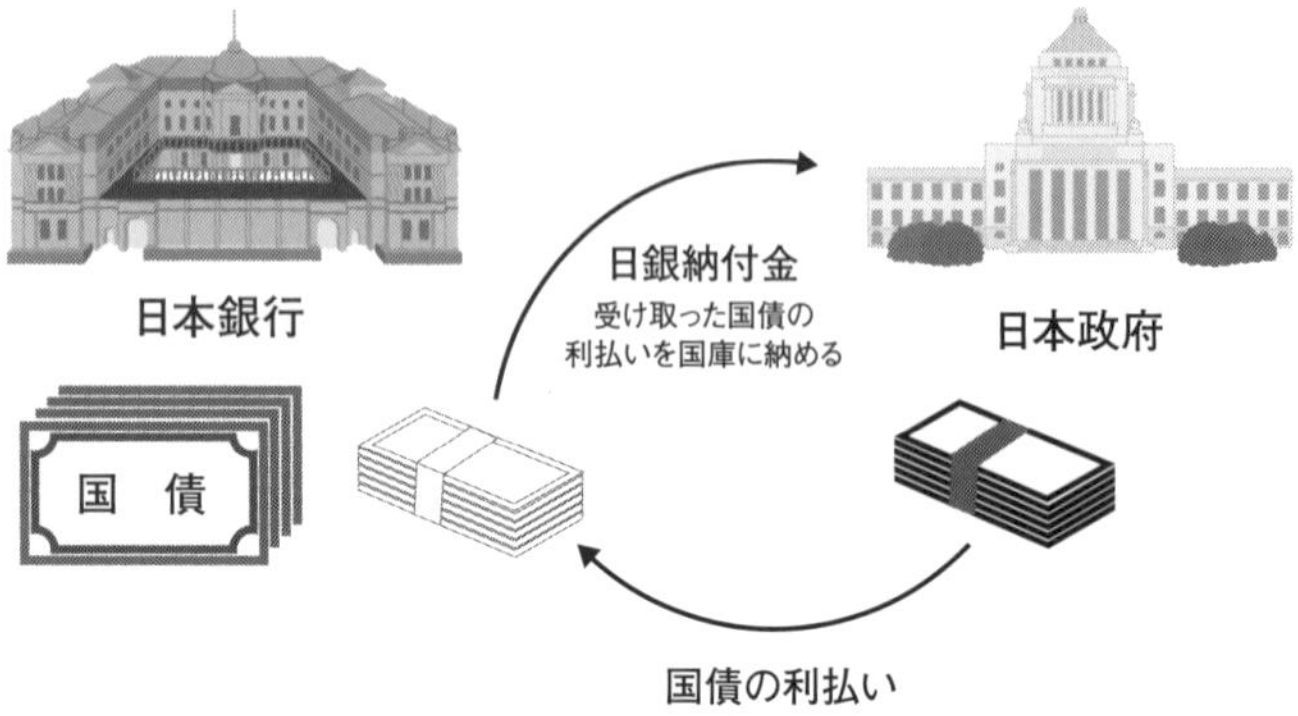

◉日本の子会社である日銀の収益は政府が取る

日本銀行法第53条5項には、「日本銀行は、各事業年度の損益計算上の剰余金の額から、第一項又は第二項の規定により積み立てた金額及び前項の規定による配当の金額の合計額を控除した残額を、当該各事業年度終了後二月以内に、国庫に納付しなければならない。」とあります。日銀は政府の実質的な子会社であるため、収益はすべて政府が取るわけです。民間でも子会社の収益は親会社が取りますが、これと同じことです。

ですから、政府が日銀に国債の利払いをいくらしても、全部納付金として戻ってくるため、日銀が持っている国債は利払いする必要がないのと同じということです。では、元金の方はどうなるかというと、国債の償還は通常は現金を支払うわけですが、日銀はお金をタダで刷れるわけですから現金をもらう必要はないですよね。そこで、政府は日銀に新たに発行した国債で支払うことになります。「借り換え」を100％しているようなことです。

日銀が持つ国債は10年経って償還が来たら、政府はまた10年の国債で支払う。これを永遠に繰り返すことになります。ですからずっと借り換えを繰り返していくことになります。

新しく日銀が国債を買えば、その分は上積みされることになりますが、新たに買わなければずっと同じ残高で、国債の償還が来たら借り換えをして、利息は支払われるけどその利息も政府に納付する、ということです。

◉日本政府の金融資産だけで国債の利払いができる

ですから、マスコミなどが日銀が持っている国債を明示しないで、日本は1000兆円も国債を発行して借金まみれだというのはおかしいということになります。発行されている1000兆円の国債のうち、500兆円は日銀が持っているからです。国債＝借金が1000兆円あるのは事実ですが、実質的に利払いもなければ、償還もしない分が500兆円あるということなのです。

それでは、民間にある残りの500兆円はどうでしょうか。政府は金融資産だけで600兆円持っています。金融資産は収益（利息）を生みますから、500兆円の国債の利払いをしても問題がありません。政府が持っている金融資産は、なかなか売ることはありませんが利息は入ってくるので、これが500兆円の国債の利払いとだいたい同じです。「日本はバンバン借金をして、赤字経営の状態だ」「借金まみれでやがて債務超過になる」というイメージを持っている人もいますが、実際には大きな黒字ではありませんが、ほぼトントンくらいでいっています。

日本の国債1000兆円は大変だといわれますが、そのうちの半分の500兆円は利払いがなく、残りの500兆円の利払いは政府が持っている金融資産の収益があるから問題ないのです。

◉日銀が国債を引き受け続けても問題なし

では日銀が国債を引き受け続けるとどうなるでしょうか。日銀の国債保有割合が高くなると国際的な信用が低下して、日本株や円が暴落するのではないか、と考える人もいるかもしれません。私のプリンストン大学時代の先生で、のちにアメリカの中央銀行にあたるFRB（連邦準備制度理事会）の議長を務めたベン・バーナンキさんは、もし日銀がずっと民間から国債を買っていって、最終的に国債の全部1000兆円を買ったとしたら財政再建はなくなるといっていました。

これは当然で、利払いする借金が減っていくわけですから、むしろ国際的な信用は高まることになるでしょう。ヨーロッパでも、ドイツなどでは財政再建で国債がどんどんなくなっていっています。ですから、日銀が国債を買い増していっても日本株や円が暴落することはありません。

だったら、税金をなくして国債をバンバン発行すればいいと思うかもしれません。計算上は国債発行による無税国家論はあり得ます。しかし、実際に行うとものすごいインフレになるので、そのようなことは現実的にはできません。少なくとも現状で発行している国債の量は、まったく問題がないといえるでしょう。

ウソ

2022年から円安が進行。やがて円は暴落して紙屑になる

真実

2022年から日本のGDPは増加。円安は失われた30年を取り戻すチャンス

◉円安によって日本の経済成長率は支えられている

前にも述べましたが、円とドルの為替レートは、日本の円の総量とアメリカのドルの総量で決まってきます。日本の円の総量が多くなると為替が安くなる、つまり円安になります。為替レートは客観的で定量的なものなのです。

円安になると「日本の国力が下がった」という人がいますが、そもそも何をもって国力といっているかがわかりません。国力は主観的、定性的なものだからです。急速な円安は確かに良くありません。急速な円高も同様です。円安が悪い、というイメージはこの「急速な」という言葉を省いた報道がされているからです。しかし、現状の円安は決して急速なものではありません。

自国通貨安と国力はまったく関係ありません。むしろ、円安によって日本のＧＤＰは増えています。確かに円安になると中小企業は大変になります。それはなぜかというと、輸入は誰でも簡単に行えます。中小企業も原材料などを輸入します。しかし、輸出は世界のエクセレントカンパニーしかできません。そのため、大企業の方が円安に有利で、中小企業は不利ということになります。円安で中小企業が大変だという一面だけを見て、円安＝悪としているのです。

大企業を見てみると、2022年には史上最高決算などが出ており、GDPは増えています。2022年の最初には1ドル＝110円ほどで、現在は130円くらいですから、2割ほどの円安になったわけです。するとGDPは2％くらい伸びています。円安の効果は大きいのです。IMFの成長率の見通しでも日本だけ成長率が高くなっていますが、これは円安がもたらした効果です。

●自国通貨安は恩恵をもたらすが、周辺国には迷惑

どのような国でも自国通貨安は大歓迎なのですが、一方で、自国通貨安というのは近隣窮乏化をもたらします。自国通貨安は輸出関連が優遇され、輸入関連にはペナルティになります。自分の国のGDPは上がりますが、ほかの国はGDPが下がり苦しくなることになりますから自国通貨安になると海外から批判を受けることはよくあります。しかし、国内で批判するのは日本を貶《おとし》めたい人なのだと思います。今はウクライナの問題などがあって円安は海外から批判されていません。このようなときはチャンスです。円安効果を利用して景気対策をすると、一気に良くなります。

◉いまだにはびこる「バブル＝悪」というロジック

２０２２年に円安が進んだ際には「32年ぶりの円安」と報道されました。では１９９０年の状況を見てみると、名目経済成長率７・６％、実質経済成長率４・９％、失業率２・１％、インフレ率３・１％と素晴らしい数字です。この頃はバブルの真っ只中で、経済の成績は文句をつけようがないほどいいことがわかります。このバブルは、日銀の金融引き締めによって潰れました。そしてこの金融引き締めを30年間続けた結果が、長い不況をもたらしたというのが私の解釈です。

私はアメリカで世界中のバブルの研究プロジェクトに入ったことがあるのですが、そのときに「日本のバブルはひどかった」と私がいうと、ほかのメンバーからは「何が悪いの？　いい経済パフォーマンスじゃないか」といわれました。株と不動産価格は前に述べたように別の要因で上がっていたのですが、マクロ経済のパフォーマンスはまったく悪くなかった。それなのに日銀が間違った金融引き締めを行ってしまったのです。そして、バブルの後に景気が悪かったのは、この金融引き締めをずっと続けたからなのです。

私はプリンストン大学時代に、バーナンキさんに「株と土地の値段が上がっているときに金融引き締めすることは正しいですか」と聞いたことがあります。バーナンキさんの答えは、「間違いです」ということでした。この質問の意味は「インフレ目標の中に株の価格と土地の価格は入っていますか」ということです。これに対してバーナンキさんの答えは「インフレ目標に株や土地の値段は入っていない」ということになります。ですから、バブルへの対処は、株と土地の値段の高騰にだけ対処すれば良かったことになります。そのため、金融引き締めをするのではなく、株と土地の税制上の対処をすれば良かったのです。

◉経済のプッシュがうまくいかずに株価が上がらない

今はこのバブルのときと同じ為替レートになっています。もしここで円高にするために金融引き締めをするとまた不況がやってきます。ですから、「32年ぶりの円安」というのは、失われた30年間を取り戻すチャンスなのです。「32年ぶりの円安」という言葉は、ネガティブな意味で使われますが、これはようやくいい時代が来たと考えるべきなのです。

円安になると一般的には株価は上がります。しかし、現状はそれほど上がっていません。これは岸田政権の経済政策は補助金系が多いからです。補助金は申請が大変だったりして、執行がうまくいかないことがあります。コロナ対策の執行率も80％で、良い数字とはいえません。外国では経済政策をするときには減税することが多いです。減税すると執行率は100％にすぐなります。しかし、日本では減税が嫌いな財務省が反対しますので減税は難しい状況です。

減税ではない経済政策は予算を組んでも執行率が悪いため効果が薄くなります。内閣府はGDPの押し上げ効果を算出するのですが、経済政策の執行率100％を前提に計算します。しかし、実際には執行率は100％に行かないから、GDPが上がらないということになります。こうしたことから、現状は円安によってもう少し上がってもいいはずのところ、この政府の経済政策のプッシュがうまくいってないため上がっていません。

株価は少し先を見通して値動きしますから、株価がそれほど上がっていないということは、日本政府のプッシュがうまくいってないことの表れといえるのです。

ウソ

少子高齢化で日本の経済は崩壊。日本は2流国家になる

真実

予測可能な人口減少には対応できる。国のGDPではなく1人当たりのGDPを見ることが重要

◉人口の予測は正確にできるため対応可能

第1章で述べたように、人口の予測はそれほど難しくありません。ある年齢以上になると死ぬ可能性は高くなるわけですから、かなり正確に人口の予測はできます。予測ができていればそれに対する対策もできるわけです。明日いきなり戦争がはじまって人口が一気に減ってしまったら大変ですが、通常の人口減少は自然現象ですから大きな変化はありません。それならば、人口減少に対応する社会制度などの仕組みをつくればいいだけです。

どのくらいできるかというと、5年間くらいは簡単に予測できます。私も役人時代に2002年推計というのをやったのですが、結果はほとんど間違っていませんでした。この推計をもとに社会保障制度をつくるので、しっかりやれば20年くらいは制度が持ちます。ただし推計が完璧に当たるかといえばそうではありませんから、5年ぐらいで見直しているわけです。

ビジネスにおいても同じです。人口が減るとわかっているならば、それに応じてビジネスを考えればいいということです。人口が減ると地方で過疎化が進むという話もあります。過疎化してしまうのならば地方自治体を合併すればいいだけの話です。このように人口減少を予測して対応すればいいのです。

◉労働力は機械化とAIで補える

現在、日本の人口は約1億2000万人いますが、2050年頃には1億人を割ると予想されています。人口が減少すると問題があるという人は多くいます。まず、これまでの世界の歴史を見てみると人口が増えすぎて困るようになることがよくありました。これは人口が増えても生産物はそれほど増えないからです。なぜならば、人口の増え方は幾何級数的、簡単にいえばねずみ算式に増えていくわけですが、生産物は幾何級数的ではなく比例的に増えます。人口は一気に増えても生産物はそれほど増えないため1人当たりの生産物が減ってしまうことになります。そのため、人口問題はどちらかというと増えすぎたらどうするか、という議論が中心になります。

これに対して、人口が減ることは増加することよりも問題は少なくなります。なぜならば人口が減っても機械化などで補えるからです。例えば、農業だったら昔はみんなで田植えをしていたわけですが、今は機械で一気にやってしまいます。頭脳労働の機械化は難しいといわれてきましたが、最近はＡＩも発達してきています。そのため、機械が人の代わりになるために人口の減少を問題視する人は世界的には少ない。人口が減少すれば、市場も小さくなるわけですから、問題は大きくなりません。

◉その国の豊かさを見るためには1人当たりのGDPが大切

人口減少によって経済が縮小するという話がよくあります。少子高齢化になっているのは日本だけでなく、世界中に多くあります。20～30ヶ国くらいはあり、これらの国々はちゃんと経済成長しています。日本だけが成長していないのは、少子高齢化のためではなく、別の問題です。

人口が増加すると、1人当たりの生産物が減る問題があることを述べましたが、人口が減少するとこれと反対のことが起きます。生産力が一定ならば1人当たりの生産物は増えることになるからです。ですから人口減少は問題が少ないのです。人口減少の際に、国のＧＤＰが減る、ということを問題視する人がいますが、これは意味がありません。

ですから、このような場合はデータとして1人当たりのＧＤＰを見ます。要は1人当たりの所得、給与です。この1人当たりのGDPの成長は人口とまったく関係ないことが証明されています。例えば、人口が減少してある会社の需要が減っても、その会社の従業員の数も減れば、1人当たりの稼ぎは変わらない。これで何も問題はありません。全体の稼ぎを足しても意味はないのです。

人口減少で問題があるように思えるのは、国のGDPを見るからです。1人当たりの稼ぎに人口を掛けたのが国のGDPですからここにそれほど意味はありません。例えば、中国は日本よりも国のGDPが大きいですが、日本の10倍以上の人口がいれば、国のGDPも大きくなるのは当たり前です。本当は1人あたりのGDPで見るのが普通です。

1人当たりのGDPは国のGDPを人口で割れば出てきます。この1人当たりのGDPは人口の増減と関係がないのです。中国は国のGDPは世界2位ですが、1人当たりのGDPはだいたい1万ドルで60位くらいです。その国の豊かさを見る場合は、国のGDPを見るのは間違いで、1人当たりのGDPが大切です。そのため、どこの国も1人当たりのGDPをどうやって上げるかを考えています。

◉常に変化する社会に対応する

マスコミが少子高齢化の話をするときに、10年、20年先のことをあたかもすぐ目の前にある問題のように伝えます。私もさすがに10年、20年先のことが明日起きたら大変だと思います。しかし、長い期間をかけて変化していくことに対しては、長い期間をかけて対応すれば済む話です。第1章で説明した年金や社会保障などの問題も、予測できる将来に対して、長い期間をかけて制度設計すればいいだけの話です。

昭和時代は、日本の都市部の住宅はウサギ小屋と揶揄《やゆ》されましたけど、今は人口が減って空き家が増えて、1人当たりの居住面積もどんどん広くなっています。かつては満員電車にギュウギュウに詰められていましたが、人口が減り時差通勤も増えて、だいぶ減りました。悪いことばかりではないんです。

介護が増えるのは確かにそうですが、介護サービスがこれから有望になるというだけの話です。子どもの交流機会が減ったというならば、集めればいいだけです。このような重箱の隅をついて問題を見つけようとする人は、変化に対応するのが嫌いな人なのではないかと思います。

ウソ

子育て世代を経済的に支援すれば、少子化問題は解決する

真実

少子化問題は経済問題ではない。少子化問題を解決する決定打も見つかっていない

◉平均年齢が低いほど経済が活性化するわけではない

人口が減少しても1人当たりのGDPには影響しないことを述べました。一方で、今よりも人口が少なかった昭和時代では、20代、30代の若者の方が多かったから経済に活力があったという指摘があります。しかし、技術進歩が平均年齢に関係するか、というとあまり関係しないことがさまざまなデータからわかっています。若い人が多ければいいか、というとそうとは限らなく、技術進歩は知識が必要ですからベテランがいた方がいいこともあります。昭和時代に比べて、これから平均年齢はどんどん上がっていきますが、若い人が多いから経済に活力があって、高齢者ばかりだと経済に活力がなくなるとはいえないのです。

◉少子化問題は経済要因とは別のもの

よく少子化に対して、子どもの数を増やさなくてはいけない、という話になるのですが、人口減少をしている20～30ヶ国でも人口が増える決定打はありません。エビデンスがある人口増加の方法はないのです。

合計特殊出生率の推移

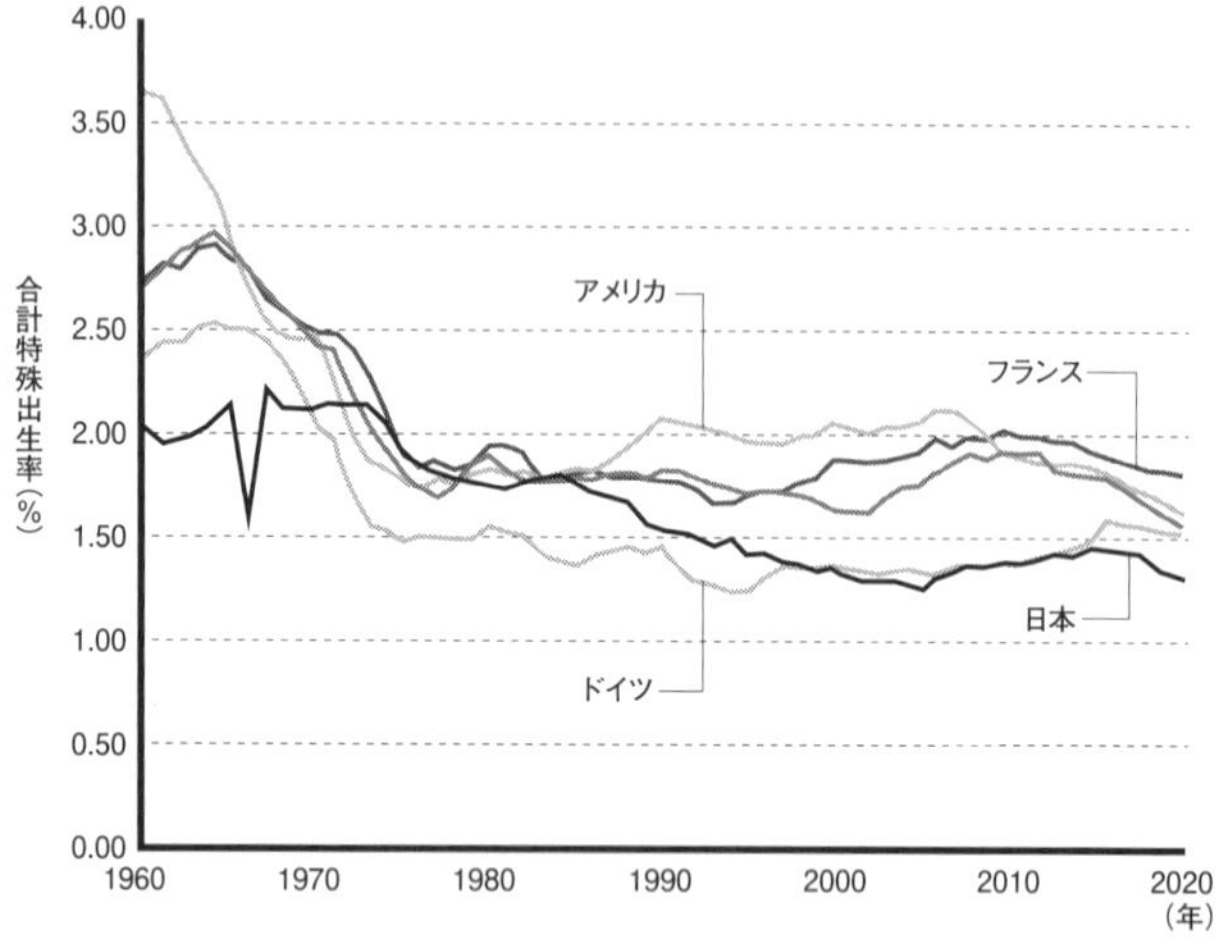

少子化は経済問題が理由とするものがありますがこれも間違いです。子どもを1人産むとどのくらいお金がかかるかは計算できます。子どもを産むことで仕事を辞めるなどした機会費用を計算すると、日本全体で数千億円になります。それでも子どもを産む人はいるわけですから経済問題ではないわけです。個人として見れば、子どもを産まない方が仕事をできるわけですから経済的にはプラスです。しかし、子どもというのは損得勘定ではない理由で、子どもを産むかどうかが決まってきます。損得勘定でないものをお金で解決するというのは難しいわけです。

◉お金で少子化問題を解決することは難しい

子育て世代への税制の優遇や補助金で、少子化は解決するということをいう人がいます。これは経済的に余裕がないから子どもを諦めているということを前提にしています。そのような事例がないわけではないですが、ではお金を与えたから出生率が上がるかというのは、別問題ということです。実際にいろいろな国で子どもを産むこと、子育てをすることにメリットを与えて少子化問題に対応したのですが、それほど成功率は高くありません。

出生率がV字回復した国もありますが、その理由はわかっていません。出生率がV字回復した国で同じような政策を真似しても上がらなかった国もあります。出生率がV字回復した国の政策を過去に行った際には回復しなかったこともあるので、出生率を上げる方法はわかってはいないのです。私は別に人口が増えることに反対しているわけではありません。少子化対策はエビデンスがある方法がないので、どうすればいいのかわからない、というのが現状ということです。子どもがほしいかどうかは、人間の本質的なものですので、なかなか経済要因で解決することは難しいでしょう。

ウソ

日本の給与が低いのは
労働生産性が低いため

真実

日本の給与が低いのは
お金の伸び率が世界最下位のため

◉アウトプット÷インプットで生産性を測る

日本では1990年から30年以上、給与がほとんど上がっていない状況が続いています。ほかの国ではだいたい10年経つと給与は2倍近くにはなります。

なぜ給与が上がらないのかという話のときに、日本人の労働生産性が低いことを挙げる人がいます。日本人の労働生産性が高くないのは事実です。まず生産性とは何の数量かを説明します。まず生産性には数量的な定義があります。何を入れるかは変わりますが、アウトプットを分子にしてインプットを分母にします。どんな生産性の定義でもすべてこれを当てはめます。そのときに何をアウトプットにするか、何をインプットにするかというのでそれぞれの生産性を見るわけです。例えば、資本の生産性とか労働生産性とかといったことです。

労働生産性では、アウトプットが普通は所得（賃金）、インプットは労働時間などで見ます。つまり日給とか時給とかで比較することになります。これを社会全体で捉えた場合、労働者の稼いだ給与をアウトプット、労働者の数をインプットにすると、1人当たりの生産性になるわけです。資本の生産性ならば、アウトプットが生産力、インプットが資本投下の数字を入れて測ってみたりします。

◉日本人の労働時間は長いため、労働生産性は低くなる

労働生産性を見た場合、アウトプットの所得とインプットの働いている時間によって労働生産性が変わってきます。所得については金融緩和をすれば少し上がります。長時間働いているかどうかは、金融緩和とは関係のないことです。日本人の所得が上がらないのは金融政策の要因もありますが、必要以上に働いている人が多いのではないかと思います。そのため、労働生産性は低いのだと思います。

日本は労働生産性がかなり低いです。海外から見ると働く時間が長いからです。日本人は外国人と比べて平気で残業をしますが、きちんと残業手当を出せば、賃金が出ているので労働生産性は下がらないはずです。ところが、日本ではサービス残業が多すぎるため、労働生産性は上がりません。もし、日本ではみんながサービス残業をしなくなれば、労働生産性は上がるはずです。

長い時間をかければ結果が良くなると思い込んでいる人がいますが、仕事は「8割のでき」ならばそこでやめた方がいいと私は思います。10を目指そうなどとは思わな

名目GDPの伸び率の各国の比較

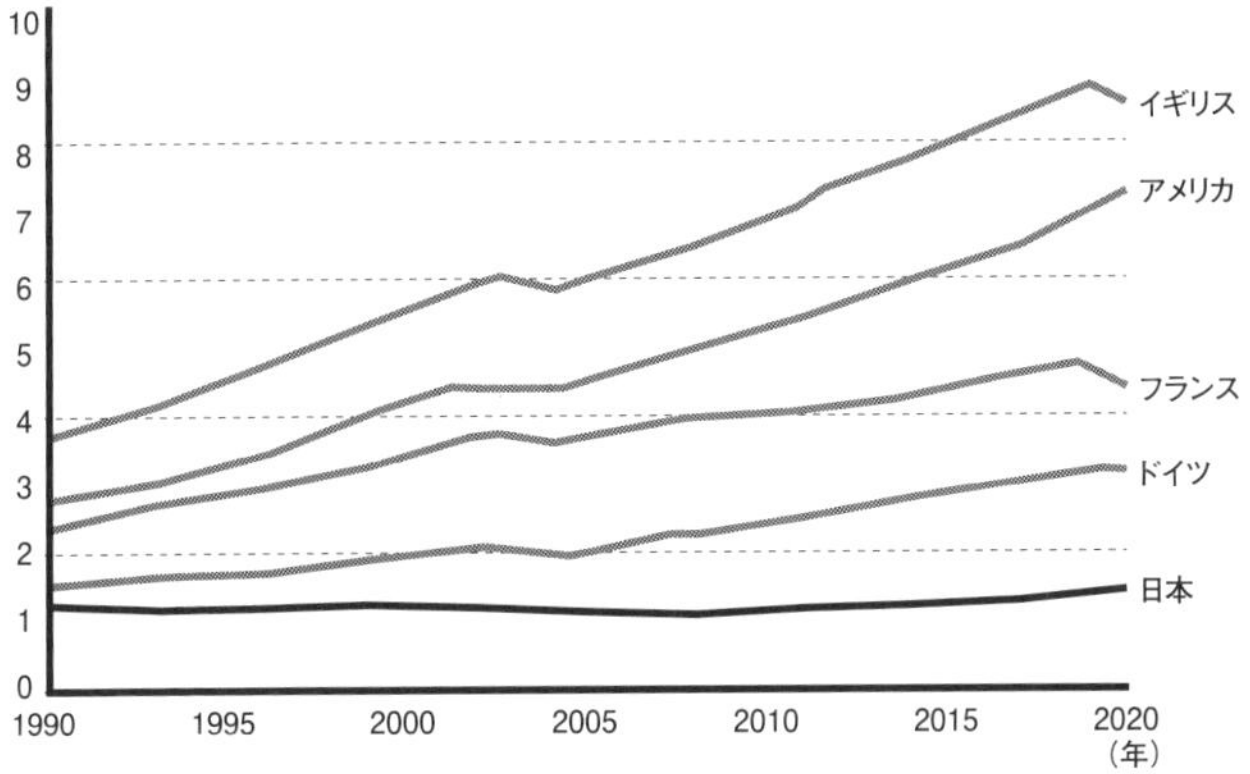

い方がいいのです。時間をかければいいというのではなく、時間を区切って効率良くやれば労働生産性も良くなります。

◉名目GDPの伸び率とお金の伸び率は一致している

日本人の労働生産性が低いのは事実ですが、これは昔から変わりません。ところが名目GDPを見ると、世界に約200ヶ国あるうちで日本だけが、30年間横ばいなのです。名目GDPとは1人当たりの給与＝賃金に国民全体の人数を掛けたものです。

なぜ日本だけが名目GDPが横ばいのままなのか。そこで私は世界の約200ヶ国の名目GDPがどういった要因で上がっているのかを分析しました。どうするかというと、いろいろな要因を取り出して横軸にして、縦軸を名目ＧＤＰにします。そしてそれぞれの国の数字を出すわけです。もしその要因が名目ＧＤＰと関係するならば、ばらつきがなく線のようにそれぞれの点が集まります。もし右肩上がりの線になれば、これはこの要因で名目ＧＤＰが上がったとわかるわけです。この章では、少子化の話をしましたが、例えば、少子化を横軸にして名目ＧＤＰを縦軸に各国の数字を出すと、少子化と名目ＧＤＰは関係ないことがすぐにわかります。

私がいろいろな要因を試していったところ、１つだけキレイな線になったものがあります。それはお金の伸び率です。日本もそうですが、各国にはお金をどれだけ発行したか、というデータがあります。お金の伸び率と名目ＧＤＰは密接に関係があるということがわかったわけです。

●日本の賃金が低いままなのは日銀のせい

お金の伸び率が原因というと驚かれるのですが、世界約２００ヶ国、過去30年間のデータから分析すると、名目ＧＤＰの伸び率はお金の伸び率で決まることが明白にわかったのです。では日本のお金の伸び率はどれくらいかというと、世界約２００ヶ国でビリです。日本の名目ＧＤＰもビリです。

お金をどれだけ刷るか、刷らないかは日本銀行が決めます。日銀がお金を刷らなかったから日本のお金の伸び率は世界でビリになり、名目ＧＤＰの伸び率がビリになって、その結果、賃金の伸び率がビリになったのです。

２０１３年から日銀はお金を刷るようになり、少しは良くなったのですが、それまでの20年間刷ってこなかったからそれほど挽回できていないのが現状です。本来なら30年くらいで名目ＧＤＰが2倍か3倍になっていてもおかしくなかったはずです。日本の名目ＧＤＰの伸び率が横ばいの間に中国が日本を抜かし、アメリカも3倍くらいになっています。日本だけが日銀のせいで30年間取り残されている状態になっているのです。

ウソ

日本の物価は上がって、インフレになっている

真実

日本はまだデフレから脱却していない

◉GDPデフレーターで物価を見るのが経済学の常識

2022年からマスコミが、やたらとモノの値段が上がったと報道しています。そして、都区部の消費者物価指数が4％になって大変だと騒いでいます。消費者物価指数には国内のモノの値段と輸入したモノの値段があり、確かに4％上がっています。ただし、通常であれば輸入のモノを除いた物価で見るのが普通です。このうち輸入＝エネルギーを除くと2・7％になります。これは大した数字ではありません。確かに4％はそれなりの数字ですが、このうちの1・3％は輸入のエネルギーがほとんどです。ロシアのウクライナ侵攻によって影響した資源高が影響していることになります。

実際に消費者物価指数が上がっているのは間違いありません。しかし、物価をどうやって測るかというと、いろいろあるのです。物価を正しく測るにはどうすればいいか、というのは経済学では昔からずいぶん議論されてきました。というのは、物価を測るということは意外と難しいからです。例えば、スーパーに売っているようなものだけで測るのか、企業間取引のものも測るのか、いろいろあるわけです。しかし、特定のものだけに絞ると偏りが出てしまいます。

GDPデフレーターの推移

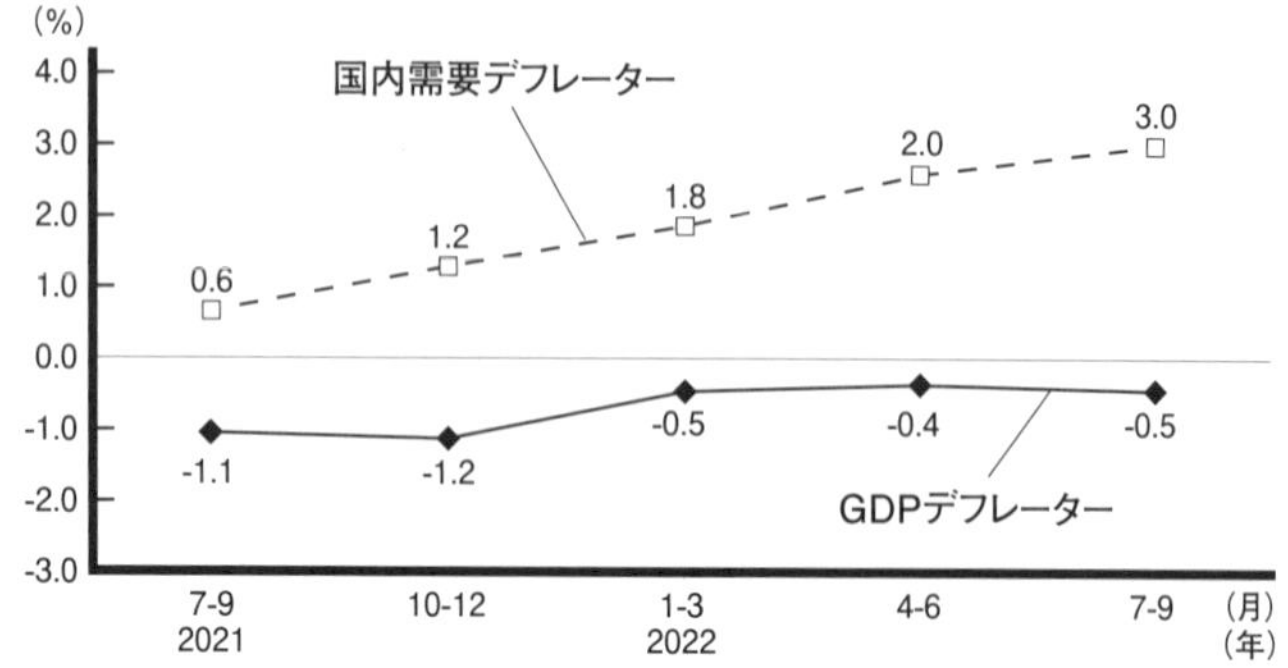

そこで、物価を測るのに一番いいといわれるのがGDPデフレーターというものです。これは名目GDP÷実質GDP×100で計算します。日本の名目GDPはだいたい5百何兆円、実質GDPも5百何兆円とあります。この計算によって出された指数が100を超えていれば、名目GDPの方が実質GDPよりも高いということで、これがノーマルな状態です。このGDPデフレーターが経済学で最も物価を測るのにふさわしいといわれています。

◉日本はいまだにGDPデフレーターがマイナス

では、物価を知るのにGDPデフレーターをなぜ使わないのかというと、GDP統計と一緒に出されるため、少し出るのが遅れるからです。GD

Pデフレーターは3ヶ月に1回、内閣府が出しています。これはGDP統計が3ヶ月に1回出されるからです。図を見てください。下の折れ線がGDPデフレーター、上の折れ線が消費者物価指数に近いもの（国内需要デフレーター）です。この2つはいつもだいたい1％くらい差があるのですが、今は輸入品のエネルギー高があるので、少し差が大きくなっています。これはなぜかというと、輸入品は国内の富とは違いますから、GDPに反映されていないわけです。そのため輸入品のエネルギーが高いと消費者物価指数は上がり、反対にGDPにはマイナスに働いてしまいますので差が大きくなっているのです。

この数字を見ると、2022年の7－9月の段階でまだ－0・5です。GDPデフレーターの指数はマイナスになっていますが、これがプラス2ぐらいにならないとなかなか厳しい状態です。

マスコミはこの値段が上がりました、こっちの値段も上がりました、といろいろいうのですが、経済理論から見るとGDPデフレーターはマイナスのままですからはしゃぎすぎです。私からすれば、デフレからまだ完璧に脱却したとはいえない状況です。

ウソ

このまま物価の上昇が続けばハイパーインフレが起きる

真実

今の日本ではインフレは起きにくい。もし利上げをすれば再び価格が下がる可能性も

◉消費者物価指数は0・5％ほど高く出る

マスコミは消費者物価指数の高さをやたらと報道をしたがりますが、消費者物価指数には、ちょっとしたカラクリがあります。消費者物価指数を計算する際には、何年か前の消費の構成で計算します。消費者物価指数というのはいろいろな品目の物価を合算して計算するわけですが、何にどれくらい支出しているのかウェイトを決めなくてはいけません。このウェイトは少し前の数字にしています。

高いモノほど節約するので、今は高いモノのウェイトが小さくなっているはずですが、高い品目を昔の高いウェイトのまま計算しますので、見かけ上、消費者物価指数は高く出ます。どのくらい高く出るかというと0・5％くらいです。ですからマスコミが騒ぐほど、物価は上がっていないというのが実態です。

マスコミは、物価が少し上昇するとインフレだと騒ぎます。おそらくインフレの仕組みもよく理解していないのかもしれません。インフレについて少し解説しておきましょう。世の中のモノの量というのは、戦争のような大量消費・大量破壊がない限り、増えていきます。生産力がしっかりとあればモノの量は増えていくことはわかりますよね。これに対して、お金の量とバランスがとれていればインフレにはなりません。

このモノの量に対して、お金の量が多くなるとモノの価値が相対的に高くなるためインフレになります。一方、モノの量に対してお金の量が少ないとモノの相対的価値が低くなってデフレになるわけです。ですから、インフレになったりデフレになったりするのは、モノの量とお金の量のバランスの問題なのです。現代の日本では生産技術が発展しているので、モノの量の増え方は非常に大きい。しかも前に述べたように日本銀行がお金を刷ってきませんでした。そのため、お金の量が多少増えてもなかなかモノの量に追いつかない状態にあります。

よく戦後のインフレがひどかったという人がいますが、これも単純な話です。戦争中に日本の工場が爆撃されてしまって生産力がなくなってしまったからです。人がいても工場がなければ生産力は上がりません。モノの量が増えずにお金が少しでも増えるとあっという間にインフレになってしまうのです。

現代の日本のように生産力がある場合、なかなかインフレにはなりにくい傾向にあります。ではお金の量はどのように増やせばいいかというと、インフレ率を見ながら少しずつ増やしていくことになります。アクセルの効きづらい車のようなもので、かかり具合を見ながら少しずつアクセルを踏んでいくことになります。

◉ハイパーインフレの定義はインフレ率30%

物価の高騰の話になると必ず、ハイパーインフレが起きるとやたらといってくる人が出てきます。そもそもハイパーインフレの定義にはいくつかあります。学問上の定義では年率1万％の物価上昇です。つまり100倍です。しかし、これはあまりにも途方もない数字で、現実にはほぼあり得ないですから、実務上は別の定義があります。これがインフレ率30％です。ただし、これも滅多に行く数字ではありません。

今はインフレ目標2％で、消費者物価指数が4％の上昇です。1桁違う状況です。ハイパーインフレが起きる可能性は極めて低いでしょう。政府は利上げ路線に入っていますが、現状のGDPデフレーターがマイナスのときに利上げすれば、一気に景気が後退して、むしろ物価が下がる可能性もあり、大変なことになります。ところが、利上げをしたい政府は、GDPデフレーターを知らないマスコミを利用して、やたらとさもインフレになっているかのように誘導しているのです。

ウソ

企業が内部留保を溜《た》め込んでいるから日本経済は成長しない

真実

円安によって内部留保が増加。法人税収が上がったため、景気対策をするお金は政府にある

◉内部留保とは会計の利益剰余金のこと

２０２２年に企業の内部留保が５００兆円を突破したことが報道されました。財務省が公表したのは、法人企業統計というもので、この資料には数字だけが並んでいます。そしてこの資料は「企業が儲かっています」といっているだけに過ぎません。ところが、これに対して「企業が内部留保を溜め込んでいるのはけしからん」という人がいます。そのような人はそもそも内部留保とは何かがわかっていないのだと思います。

内部留保は会計の話になるのですが、純利益から配当などの社外流出分を引いた利益剰余金というものがあります。これが内部留保にあたります。よくフロー（一定期間の増減額）だけの話をする人がいますが、この利益剰余金がバランスシートにどのように反映されるかということが重要です。

バランスシートでは、利益剰余金は右側の負債の項目に書きます。利益剰余金は、通常、現金で持つのが普通ですので、左側の資産のところに利益剰余金と同じ金額の現金を書きます。ただし、現金だけにしておくことはしないので、この現金を銀行預金に替えたり、設備投資の物品に替えたりします。利益剰余金をどのように処理したかということですので、設備投資の物品も含まれるのです。もちろん利益剰余金は、不動産になる場合もあります。

◉内部留保を「溜め込む」企業はあまりない

このようにフローの利益剰余金がバランスシートでどのように処理されているか、しっかり理解しないといけません。ですから「内部留保を溜め込む」といいますが、利益剰余金があって設備投資していることもあります。それならば「溜め込んでいる」とはいえないわけです。

このようにバランスシートで考えないで、「内部留保」という言葉のイメージだけで話をしても意味がありません。内部留保が成長を阻害している、という指摘はそもそも成長しなければ利益剰余金が貯まらないわけですから、すでに因果関係を間違っていることになります。

確かに、バランスシートで利益剰余金が負債にあって、同じ項目が資産として現預金であったならば、「溜め込んでいる」といえなくもないですが、第2章で説明した通り、銀行に預貯金しているということはどこかの会社に投資していることと同じですので、経済成長を妨げていることにはなりません。

ただし、このように預貯金を貯め込んでいるというケースはあまりありません。おそらくマスコミのいいたいことは、お金があるのだったら従業員に還元しろ、ということなのでしょうけれども、これは労使交渉をすればいいだけの話です。利益剰余金がたくさんあるのだったら、それは労働者もいうし、株主もいいます。会社内でどのように利益を分配するかの話ですから、外部の人が口を挟む話ではないと思います。

内部留保という言葉のイメージだけで、現金が溜め込まれていると思い込んでいるだけなのです。こうした誤解が生まれるのは、「内部留保」という会計用語がないからです。内部留保という言葉はおそらく会計がわからない人が考えた言葉なのでしょう。利益剰余金が多いということは、法人税収も間違いなく上がるはずです。マスコミは、利益剰余金を従業員に還元しろと企業にいうのではなく、政府に法人税収をどこかに還元しなくてはいけないのではないですか、と質問すべきだと思います。

ウソ

日本企業は外国に生産拠点を移しているため、円安になっても輸出が伸びず、景気も良くならない

真実

外国の生産拠点はドル建てのため、円安によって投資収益が大幅に上がる

◉輸出の代わりに投資収益が上がる

法人企業統計を詳しく見てみると、利益剰余金だけでなく、営業収益も良くなっていることがわかります。これはコロナ前に近づいているということです。さらに経常収益はもっと伸びています。これはどういうことかというと、営業収益と営業外収益を足したものが経常収益ですから、営業外で儲けているということです。では営業外の何で儲けているかという項目を見ると、ほとんどは利息・配当です。これが急激に増えているのです。これが増えた理由は円安です。

よく、円安になっても企業はすでに外国で現地生産化しているから、昔のように円安になっても輸出が伸びることはないという人がいます。しかし、よく考えてみてください。現地生産化しているということは現地に投資をしているということです。これは輸出の代わりに投資収益が増えることになります。投資収益はドル建てですから、円に換算すると円安のためドンと利益が大きくなるのです。円安についてマスコミはネガティブに報道しますが、企業に大きな収益をもたらしているのです。

ウソ

日本銀行が保有する国債の含み損は8749億円もあるため、債務超過に陥る

真実

580兆円損をしない限り、まったく問題なし

◉実はシンプルな日本銀行のバランスシート

現在、日本銀行は大量の国債を保有していますが、この国債の含み損が8749億円あることが2022年11月に発表されました。この発表に対して、日銀が債務超過に陥ると騒ぐ人がいます。しかし、そのようなことにはなりません。これは基本的な簿記会計が理解できればわかります。

中央銀行の財務はバランスシートを見れば、一発でわかります。まず、資産がだいたい600兆円あります。負債は2つしかなく、当座預金500兆円と日本銀行券100兆円です。このほかに細かいものもありますが、財務分析では無視して構いません。このバランスシートを見てわかることは、「当座預金と日銀券を足して国債を600兆円買いました」ということです。逆にいえば、負債がないと買えないので、日銀券を刷るか、日銀券とまったく同じ当座預金を増やすかのどちらかになります。このような単純な財務構造の民間金融機関はないから、逆にわかりにくい。また当座預金とか日銀券自体がわかりにくいのもあります。

日銀券という科目は、日銀にしかありません。これは自分でお札を刷って、自分の負債にカウントしてモノを買っているということです。当座預金というのは、日銀券をいつでも引き出せるものとして民間の金融機関に与えているものなので、すべて日銀券と仮定しても同じです。つまり日銀はモノを買うときにお札を刷るしかない、ということです。反対に日銀が持っているモノを売却するとお札が減ることになります。ですからものすごくシンプルな財務諸表なのです。

◉資産の利回りは6兆円に対して、負債の利息はわずか0・2兆円

日銀券は無利息無償還です。無利息無償還の負債なんてあるのか、と思うかもしれませんが、日本国内では日銀にしかない負債です。日銀以外の負債はなんらかの形の金利を払わないといけません。

次に当座預金の科目ですが、これは白川方明総裁のとき（2008〜2013年）までは無利息無償還でした。これは白川総裁が金融機関に温情を示して、金融機関にお金を渡すという意味で、200兆円まで0・1％の金利がついています。負債全体で見ると、日銀券は無利息で、当座預金は200兆円まで0・1％ですから利息は2000億円（0・2兆円）しかありません。

資産の方の国債は600兆円ありますが、これの平均利回りは1％以上あるので、資産収益は6兆円あります。日銀は、無利息無償還の負債が出せるため、収益性のあるモノを買ったらそれだけで儲かってしまいます。

一方、負債の方はどんなに金融機関にお金を渡しても0・2兆円しかかかりません。マスコミは、日銀の保有国債で含み損がだいたい0・1兆円あると報道をしましたが、600兆円が599兆円になったとして、収益が6兆円あるわけですからまったく問題ありません。そもそも負債の方が0・2兆円しかコストがかからないのですから当たり前です。確かに資産が599兆円になると、負債が600兆円なので債務超過になるのですが、収益を考えたならば599兆円でも約6兆円あるわけですからどうということもないわけです。

仮に、日銀の資産が20兆円にまで下がって、資産である20兆円稼ぐ利回りが0・2％を下回ったら問題になってきます。金融機関に払う0・2兆円を下回ったならばさすがに日銀の財務状況も問題になります。しかし、そのためには日銀が580兆円損をして、資産が600兆円から20兆円まで下がらないと無理です。つまりほぼ全損に近くなっても大丈夫ということです。

ウソ

新経済理論MMTの考えでは
国債はいくら発行しても問題なし

真実

MMTをいう人は
インフレ率を無視している。
国債を大量に発行すれば
インフレになる

◉インフレ率を考えずに国債を発行してはいけない

２０２１年頃からＭＭＴ（Modern Monetary Theory、現代貨幣理論）というものをやたら声高にいう人が出てきました。これをいう人は財政出動をいくらしても大丈夫だと主張します。５０００兆円出しても問題ないという人までいます。要は５０００兆円の国債を発行しても大丈夫というわけです。しかし、そのようなことをいう人たちはインフレ率がどうなるのか、ということをまったく考えていません。５０００兆円もの国債を発行したら、おそらく何十％ものインフレになります。

財務省のホームページには、自国通貨建ての国債を出しても国は財政破綻しない、ということが書いてあります。これを、ＭＭＴを信じる人は、国債は無限に発行できると解釈します。実はこの財務省の文章は私が書いたものです。ただし、この文章には「先進国であれば」という条件も記しています。先進国とは、きちんとした経済政策をする国ということです。具体的にはインフレ目標を守る国です。ところが、ＭＭＴを信じる人は、無条件に「自国通貨建ての国債で破綻することはない」といっているわけです。

ウソ

日本の食料自給率は38%。
このままでは食糧の安定供給は
できなくなる

真実

世界標準の食料自給率は68%。
産業としての農業の問題は別にある

◉世界ではカロリーベースではなく市場価格ベースで計算

日本の食料自給率が38％という数字は農林水産省が出している数字です。これは間違った数字ではないのですが、世界標準とは少しずれています。まず食料自給率がどのように計算されているかというと、日本人が摂っているカロリーのうち、輸入品がどのくらいあるか割り算して出します。この計算をすると日本の食料自給率は確かに38％です。しかし、このように計算している国はまずありません。

ほかの国はどのように見ているかというと、市場価格ベースです。この市場価格ベースで計算すると日本の食料自給率は7割くらいです。ですから、世界標準の食料自給率で見ると、実態はだいぶ異なっています。この市場価格ベースの食料自給率7割という数字は、世界的に見てすごく高い数字ではありませんが、それほど悪い数字でもありません。もう少し頑張りましょうくらいのレベルです。

なぜ農水省が世界標準と異なる計算で、食料自給率を出しているのでしょうか。はっきりいえば予算の獲得のためです。日本の農業は危機的な状況で、食料自給率は4割にもならないからもっと予算を回してくれ、といっているわけです。

◉日本の農業は企業が参入しにくい特殊な業界

農業従事者の高齢化と後継者不足が指摘されていますが、これは事実です。このような農業に対する危機感はあってもいいですが、それは食料自給率から来る話ではありません。高齢化や後継者不足、人手不足はどの産業にもある話です。ところが農業は少し特殊な事情があります。

世界と比較してなぜ日本の農業が産業としてダメなのかというと企業が参入しづらいからです。農業は農家がやっているイメージがありますよね。農業を企業がやらない国はほぼないのですが、日本では農家が自分の田畑で農業を行っています。そのため、大規模にはあまりできません。一定の企業組織になると、業績の発展に応じて人も集められるし、お金も調達できます。

しかし、日本の農業ではこれができていません。基本的には農業法人というのがあり、企業はないのです。企業形態が入れずに、農家を主体とした農業法人が農業を行うから、新たな雇用が生まれずに、結果的に人がいなくなって高齢化・人手不足になっているわけです。

もし農業に企業があったら農協という共同法人組織はいらなくなります。企業ならば自前で販路開発もできます。ですから農業が発展しないのは、助成金などの問題ではなく、企業がないからといえます。もし企業形態が入って、大規模な農業を行い輸出もするようになると、市場価格ベースの食料自給率は１００％を超えます。日本の農産物はおいしいということで、中国やシンガポールなどで人気になっています。しかし、農家が自分たちで販路をつくって海外に売ることは難しい。そのようなことは企業ならば可能になってきます。

　実は、兵庫県養父市に特区が設定され、企業形態の農業を行わせたところ良い成績が出ました。ところが、マスコミは農水省の意を汲《く》んでネガティブに報道しました。企業形態を取り入れたら、企業に土地を貸し出して大規模経営も簡単にできるのですが、なかなか進んでいないのが実態です。

　企業形態がないというのが農業の特殊なところです。もし市場価格ベースの食料自給率を上げたいならば、農業をほかの産業と同じように企業が参入できるようにすべきなのですが、食料自給率をあえて低い計算で発表している農水省が認めないという状況ですので、農業問題は深刻です。

ウソ

外国人労働力を入れれば
日本の経済は発展する

真実

雇用を生めば、
国内の雇用者の賃金が上がり、
生産性は高まる

◉低賃金の外国人労働者を入れるとその産業の賃金は下がる

産業界は、労働力不足のため外国人労働者を入れたがります。私はこうしたケースの研究をしたことがあるのですが、低賃金の外国人労働者を入れた業種は、平均的に賃金が上がらなくなります。それならば、日本人の賃金を上げた方がいいと思います。どの国でも労働受給の状況を見ながら就労ビザをどれだけ出すかを判断します。

しかし、外国人労働者の受け入れについては、まず国内の雇用を確保して、賃金を上げて、それでも足りなければ外国人労働者だろうという議論だと思います。まず雇用をつくります。するとと人手不足になりますから、人への需要が高まって賃金が上がり出します。賃金が上がると、物価とともに生産性も高まることになります。

企業にしてみれば従業員の賃金を上げるのは嫌ですので低賃金の外国人労働者を入れたいと考えているわけですが、国内の雇用者に対して賃金を上げる政策をする前に外国人雇用者を受け入れたら、それは日本の労働者に冷たい政策だと思います。労働者の話は雇用政策ですから、雇用を生んで、日本人の賃金を上げるのがまず先で、それでも足りなければ外国人労働者を入れることを考えればいいと思います。

ウソ

スウェーデンは
税金が高くても還元率が高い。
日本はもっと税金の還元率を
上げるべき

真実

税金の還元率は平均すると100%。
多く払って多く戻るか、
少なく払って少なく戻るかの差だけ

◉所得が多い人ほど還元率は低くなる

日本人の中にはやたらと北欧諸国の政策をありがたがる人がいます。そのような人の主張として、北欧諸国は税金が日本よりも高くても還元率が高いからいい国だ、といいます。最初にいいたいのは、税金の還元率はどこの国も基本的には100％です。100％ではないということは、どこかに税金が貯め込まれていることになります。しかし、日本政府のバランスシートを見ればわかりますが、貯め込むことなく100％出ています。

税金の還元率が低いという人は全体を見ていないからです。還元率は税金を払った側が出した金額に対する還元率をいっているのでしょうが、もちろん多く戻る人もいれば少なく戻る人もいます。しかし、国は税金を全部支出しているわけですから、平均すれば100％になります。

日本では所得が高くなるほど税率が上がる累進課税ですから、所得の高い人は、より多く税金を払っています。一方で給付は平均的になりますので、所得の高い人は100％を切っています。反対に所得が低い人は税率も低いため還元率は100％を超えます。スウェーデンの方が良いという人がいますが、これはたくさん税金を取られて、たくさん税金が還元されている、というだけの話です。

普段、気がつかないだけでいろいろなところに税金は還元されています。例えば、医療費は10割負担ではなく、税金で大部分が支払われています。コロナ禍での持続化給付金を受け取った人などは、おそらく還元率は100%を超えているでしょう。人によって還元率は異なりますが、平均的には100%になります。ですから、還元率が低いと文句をいっている人は、所得が高い人でしょう。

もちろん、細かい会計の部分では一部に貯め込んでいるところはありますが、長い目で見ると全部還元されています。例えば、雇用保険は失業率が昔よりも低くなっているので貯め込まれていましたが、コロナ禍の雇用保険調整金で全部吐き出されました。日本政府のバランスシートは財務省のホームページに載っていますから、それを見れば税金が貯め込まれているのかはチェックできます。確かに少し前までは時々貯め込んでいるものがあり、特別会計の財務諸表を見て私も指摘することはありましたが、最近はほとんどありません。

髙橋洋一 たかはし・よういち
1955年東京都生まれ。都立小石川高等学校（現・都立小石川中等教育学校）を経て、東京大学理学部数学科・経済学部経済学科卒業。博士（政策研究）。1980年に大蔵省（現・財務省）入省。大蔵省理財局資金企画室長、プリンストン大学客員研究員、内閣府参事官（経済財政諮問会議特命室）、内閣参事官（首相官邸）などを歴任。小泉内閣・第一次安倍内閣ではブレーンとして活躍し、「霞が関埋蔵金」の公表や「ふるさと納税」「ねんきん定期便」など数々の政策を提案・実現してきた。2008年退官。その後、内閣官房参与などもつとめ、現在、嘉悦大学ビジネス創造学部教授、株式会社政策工房代表取締役会長。ユーチューバーとしても活躍する。第17回山本七平賞を受賞した『さらば財務省! 官僚すべてを敵にした男の告白』（講談社）など、ベスト・ロングセラー多数。

撮影 宮田昌典（スタジオナナ）

老後資金2000万円の大嘘

2023年3月30日　第1刷発行

著者　髙橋洋一
発行人　蓮見清一
発行所　株式会社宝島社
〒102-8388　東京都千代田区一番町25番地
電話・編集　03（3239）0928
電話・営業　03（3234）4621
https://tkj.jp

印刷・製本　中央精版印刷株式会社

ISBN 978-4-299-04116-6

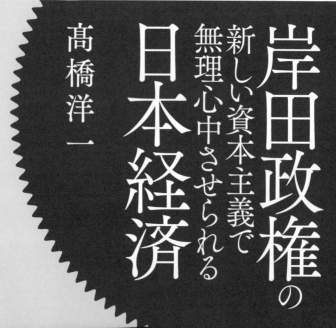

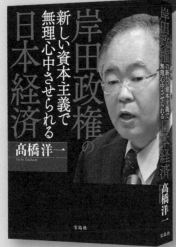